공부 정춘미 시인 첫 시집

의정부에도 보름달이 떴습니다

한국예술인복지재단 창작지원금 선정작

차례

2부 詩가 주는 삶 (정춘미 동시)

3부 내가 살아가는 이야기 (정춘미 수필)

격려사

(사)한국다선문인협회
회장 **김승호**

가을을 보내고 겨울을 맞이하면서 공부 정춘미 시인의 첫 시집 『의정부에도 보름달이 떴습니다』를 발간하게 되어 기쁘고 감사합니다.

오랜 시간 자신의 삶 속에서 꿈과 소망을 키우고 열심히 인생을 살아오신 노시인의 집념과 열정에 박수를 보냅니다.

굽어진 허리와 일생을 자신의 건강조차 외면한 채 여러 가지 일을 하면서도 힘겹다 생각지 않고 매일을 열심히 노력하는 자세를 존경할 수밖에 없습니다.

자신이 살아오면서 가치 있는 일이라 생각하고 만난 詩와 연을 맺으며, 낮과 밤을 시어와의 씨름을 했다는 작가는 이번 첫 시집을 통해 자신의 영향력을 끼친 아이들의 글과 그림까지 소중한 첫 시집에 담기를 원했습니다. 아이들에게 꿈과 소망을 심어주기 위해서랍니다.

시인의 고귀한 마음과 영혼이 담긴 글과 그림을 내면서 편집진들과 기획사의 관계자분들의 노고가 컸습니다. 아무쪼록 이 시집이 많은 독자들의 사랑과 관심을 받게 되기를 기도합니다.

끝으로 앞으로도 더욱 정진하시고 좋은 글 많이 쓰시기를 기원합니다.

2023년 12월

1부

시인의 길

정춘미 시

작은 풀꽃 하나에도

사람이 아무리 잘났다 한들
사계절 피는 꽃보다 못하구나

봄 온 세상 눈부신 꽃들 환희
여름 찬란한 태양 숙성하여
가을 열매 맺어 번성하고
겨울 죽은 듯 몸 사리고
내일 위해 잠시 쉬고 있다

이 어찌 위대한 자연섭리
인간이 감탄하지 않으리오
신비한 수수만년 지구역사
우리 자연과 더불어 살아왔고
자연으로 돌아가는 한 줌 인생

꽃 피고지고 내년 기약하지만
사람 한번 가면 그만인 것을
길가 잡풀보다 못한 가녀린 인생
땅에 피어나는 작은 풀꽃 한 송이도
귀히 여겨 머리 숙여 감사해야 되겠네

회룡천 벚꽃길

꽃비가 내린다
꽃잎 너울너울 춤추며
머리 위 정겹게 내려앉네

꽃비 맞으며
그 길 걷고 있는
사람들이 빛난다

반짝이는 눈과 마음
꽃보다 더 아름답게
피어오르는 것 같다

사람들한테 향기 내음
사랑의 향기 즐거운 향기
기쁨의 향기 흘러나온다

꽃 사람을 사랑으로 이끄네
이 순간 우리 행복 느끼며
서로 사랑하겠지

이 세상 무엇이
꽃보다 이쁘리오
회룡천 벚꽃길 사랑 넘치네

한 방울

사랑이 머물고 있다
이른 새벽 풀잎에 입 맞추는
촉촉한 이슬

반갑게 온몸 내주는
풀잎의 연정

반짝이는 햇살 아래
다정히 서로 사랑한다

태고적 적막 울리며
고요히 떨어진 한 방울 방울
신비한 종유석 되어 감탄시키고

수없는 세월 묻혀져 간 땀방울
그 속 그리운 추억 담으니
눈물 되어 흐른다

오색 찬란 영롱한 물빛 속
내일의 희망 띄워보고
비록 고난에 눈물 섞여 있어도

그것은 살아 있는 생명 존귀함
한 방울 방울 사랑의 눈물로
온 세상 생명수로 넘쳐 흐르거라

님은 오지 않았습니다

밤새 내린 봄비
마른가지 새순 인사합니다

땅속 새싹 반가워 머리 들고
봄비 맞이하는데

내게는 아직 봄비
오지 않았습니다

아무도 그립다고
다가오지 않네요

훈훈한 바람 새들도 노래하고
가녀리게 피어나는 잎새 소리

가슴 두근거려 잠 못 이루고
홀연히 떠나간 그 사람

어디 있는지 아무도
내게 말해주지 않네요

그렇게 내게는 봄이
멀리 있나 봅니다

보고 싶다

그냥 보고 싶다
그리워 가슴 메인다

눈이 말한다
두 줄기 눈물이 흐른다

입이 말한다
보고 싶다 보고 싶다

이유가 필요한가
그건 그리움이 아니다

마음이 말한다
목이 메어 울 수가 없다고

한국인의 지혜

코로나 19
세상 온통 두려움

연일 이어지는 세상 뉴스
걱정 더해가고

서로 피해 고립되는 삶
우리 이끌어 간다

온 세상 하나로 이어지는데
자기 백성 위해 나라마다 문 닫고

또 다른 잣대 서로 살피고
세상 슬프게 돌아가지만

대한 국민들 꿋꿋이 현실 이기며
코로나 병들까 찾아 치료해 주고

이를 위한 자원봉사 자기 몸 희생
이웃 위해 사랑으로 헌신

참혹했던 일제 강점기 이겨내고

세계에 우뚝 선 대한의 후예답다

사재기 안 하고
남한테 피해 줄까 마스크 필수

서로 위해 피해가며 배려
그동안 쌓아 올린 한국인 참다운 모습

슬기로운 지혜 현명한 판단
환난 이겨내며 세계 으뜸가는

대한민국 국민으로 거듭날 것이다

코로나는 없었다

찌개 한 냄비
오순도순 함께 수저 넣고
떠먹던 시절 코로나 없었다

술잔 돌리고
돌려 마셔도
그 자리 코로나 없었다

반갑게 두 손 마주 잡고
악수하며 포옹해도
코로나 오지 않았다

그런데 이게 웬 말인가
2m 간격 떨어져야 하고
마스크는 필수

반가운 사람 만나도
마스크 쓴 채 떨어져 말하고
두 눈만 껌뻑인다

모여 앉아 깔깔대며
옆 친구 툭툭 치며

좋아하던 시절 끝나간다

이 모든 게 행복인 걸
이제야 깨달으며
그리워하네

한 치 앞도 모르는 게 인생이거늘
명예 출세 눈이 멀어
욕심내며 살아왔나

그 눈마저 안대 쓰고 다니지 않게
이제라도 잘 살라고
잠시 온 세상 경고하듯 찾아온 코로나19인가

겸허히 받아들여 이겨내고
다시는 이런 일 없이
행복한 일상으로 살아가게

우리 모두 한마음 되어
코로나19
영원히 지구에서 떨쳐버리세

하얀 산까치

한탄강 물줄기
하얀 눈이 소복소복

어느새 쌓였는지
노루 발자국 자박자박

백로도 다녀갔나
새 발자국 반겨주네

목말라 찾았는데
살얼음 위 하얀 눈꽃 피었네

물 대신 한 입 물고 어디로 떠나갔나

2022년 대선

함석헌 선생님 말씀 중
그놈이 그놈이라고 투표 포기하면
제일 나쁜 놈이 다 해먹는다 했거늘

삼월 대통령 선거
올바르고 참된 사람 뽑아
살기 좋은 대한민국 거듭나게 하소서

한 사람도 포기 말고
당당하게 투표해
이 나라 이끌어 나가세나

국민들 배곯아 죽는 줄 모르고
당선되면 다른 당 잡아넣기 바쁘고
정치는 언제 하려는지

우파 좌파 싸움 국민만 갈팡질팡
뜬눈으로 밤새우고 한숨소리 드높구나
국민 위한 진정한 사람 뽑아

우리도 평안하고 행복하게
한번 잘 살아 봅시다
삼월선거 온 국민들이여 포기하지 맙시다

봉양하는 자 복 주심

비록 남편은 이 세상 없어도
그 어머니 진정 모심으로
하나님께서 룻에게
다윗에 조상되는 복을 주심이라

하나님은 사랑이신 걸

하나님은 사랑이신 걸
어느 순간 무지한 저도
알게 되었습니다
그냥 알게 되었습니다

스스로 깨달으며 그 사랑
조금이라도 따라가기 위해
애쓰고 있는지 모릅니다
하나님 알게 된 순간부터

조금씩 미움에 격동에서
서서히 이해와 용서 순간
변화해 가는 것 알게 되었습니다
아무리 힘든 순간에도 하나님

함께 계심 느끼게 되었습니다
하나님은 최악에 나락에서
언제나 손잡아 주시고
살아계신 하나님이신 걸

이 작은 여인 이제사 깨달고
작은 목소리로 뇌아려 봅니다
하나님은 살아 계시고
하나님은 사랑이신 걸

하나님은 공짜

하나님은 공짜
많은 사람에게 알리고 싶다

일을 하면 대가 바라고
모든 일에는 대가 따르지만

하나님 믿는 것
대가 치루지 않아도 된다

우리가 마시는 공기 공짜
들녘 푸르른 나뭇잎 공짜

철마다 아름답게 피는 꽃 공짜
창공 지지배배 새들도 공짜

이 세상 많은 것 공짜로
우리에게 주신 하나님

여러분 하나님도 공짜이십니다

우리가 사는 동안 더 많은 것
받을 수 있기 원하십니다

하나님 믿는 것 오직 마음먹기
그 외 아무것 하나님 원치 않습니다

이 얼마나 큰 복입니까
이거야말로 공짜로 이 세상

다 누릴 수 있는 축복입니다
여러분 공짜로 하나님 팔겠습니다

포승단지

별똥별 떨어지는 캄캄한 밤
공장 담 밖으로 들려오는
활기찬 기계 도는 소리

조용한 밤거리 활력 쏟아낸다
거리가 살아 움직인다
그 안에 땀 흘려 일하는 사람들

밤을 낮으로 낮을 밤으로 산다
아무런 불평 없이 성실하게 일하며
맡은 일 보람되게 해낸다

밤하늘 별똥별 다 떨어져
하늘이 밝아오면
그때 집으로 간다

포승단지 일꾼들
세계로 뻗어가는 발판 되어
대한민국 발전 큰 힘 실어주네

평택항

오가는 사람들 바쁘게 움직인다
양손 짐 보따리 가득 싣고

저마다 사연 다르겠지만
헤어짐과 만남 뜻깊은 장소

어떤 이는 영영 못 볼 수 있고
어떤 이는 기쁨으로 다시 만나고

항구에 이별이란 거센 파도같이
언제나 마음도 출렁거린다

푸르른 바닷물 위에 두둥실 떠가는
뱃고동소리 이별 아쉬워하고

배는 떠나가고 나도 떠나간다
쓸쓸한 갈매기 한 마리 꺼이꺼이 울음 진다

크리스마스

12월 25일 온 거리
징글벨 청아하게 울리고

다정한 친구들 만남
기쁨으로 웃음꽃 피고

사랑은 거리마다 흘러
즐겁게 출렁대며

가슴속 정으로
가득 넘쳐 행복했는데

어느 때부터 징글벨 들리지 않고
산타 할아버지 보이지 않네

그 옛날 굴뚝에서 나와
선물 주신 산타 할아버지

스마트폰 시대 밀려 못 오시나
반기는 이 없어 못 오시나

순박했던 그 시절 아쉬움 남고

사람들 삭막하게 까칠해 간다

땡그렁 땡그렁 종 치는 모금함
쓸쓸히 울려 나가고

돌아볼 시간 없이 바쁘게 사는
우리 내 인생살이 단 하루라도

메리 크리스마스 사랑합니다

그 한마디 영원히 세상 빛 되어
온 세상 아름답게 울려 퍼지길 기도합니다

평택역

사람이 다르다
이 나라 저 나라 모습이 다르다

여기저기 많은 사람들
어디로 가는 걸까

바쁘게 걸어가는 이 나라 저 나라
삶 찾아 대한민국 찾아온 귀중한 손님들

친절하고 진솔하게 우리 맞이하자
그들은 우리나라 산업현장의 꽃

대한민국 발전에 동참하고 있네
모두가 귀히 여겨 정답게 보살피세

이제 세계 하나로 흘러간다
우리 모두 미래 위해

이 나라 저 나라 많은 민족이
평택역 광장 웃음꽃으로

활짝 피어나게 하소서

세상법칙

인간이 지켜야 할 법칙과 순리
섬세하게 알게 하신 하나님
모세에게 말씀하신 규례
교훈 삼아 세상 살아가겠습니다

무궁화 꽃

무궁화 꽃이 피었습니다
어릴 적 친구들 숨바꼭질 놀던 꽃

그 친구 보고 싶어
가슴에 넣어 두는 꽃

학창시절 우리나라 꽃이라
열심히 그려보던 무궁화

청년 되어 나라 위해
마음 깊이 간직하는 꽃

일제 강점기 뿌리째 뽑혀
불태워 버려도

꿋꿋이 살아남아 희망과 애국
민족 얼 심어주던 영혼 무궁화

삼천리 금수강산 아름답게 피어올라
희망찬 대한민국 세계 등불 되어

온 세상 기쁨 주는 꽃 중의 꽃

평화 꽃으로 영원히 피어나거라

그대는 대한의 보배롭고
거룩한 생명 꽃이로구나

코스모스

가녀리게 흔들리는
코스모스 꽃길에

슬며시 손 놓고 떠난 님
한없이 그리워
오늘도 그 길 따라 걸어갑니다

이른 가을 잘 있으라
한마디 남겨놓고
머나먼 타국 떠나갔네요

올해도 코스모스
들길마다 반겨 주는데

한번 떠난 그 님
너무 멀어 못 오시나
마음 아파 못 오시나

바람에 나부끼는 코스모스
살랑살랑 춤추며
손끝 스쳐 주는데

가시에 찔린 듯
온몸 아파오네요

그리움에 슬픈 여인
오늘도 코스모스 꽃길에
님 찾아 외로이 걸어갑니다

추모시

여기가 웬 말인가
이 세상 끝자락

무엇이 그리 급해
마지막 인사 나눌 시간 없이

홀연히 두 눈 꼬옥 감고
삼베옷 걸쳐 입고
쓸쓸히 누워 있단 말이요

한 많은 이 세상 힘에 겨워
모든 걸 내려놓고 천상으로 달려갔소

이렇게 가려고 그다지도 열심히
아등바등 애쓰더니 결국
빈손으로 훌훌 털고 떠났구료

어디까지 갔소이까
하늘나라 멀고 먼 길 혼자 가니
무섭고 외롭지 않소

무섭고 외로우면 이곳 추모공원 영혼들과

다정히 손잡고 다 함께 가시구료

이제는 세상 걱정 다 내려놓고
이생에서 못다 한 것 저승에서 해 보시게

우리 훗날 천상에서 다시 만날 때
천년만년 행복하게 못다 한 삶 나누며
재미있게 살아보세

잘 가시요
잘 가시요

미련일랑 두지 말고 한 치 후회 없이
천국 극락세계 행복하게 사시게나

목련꽃

목련꽃 피고질때 내마음 피고지고
떨어진 꽃한송이 서글퍼 눈물나네
그리워 가슴태워도 흔적없이 떠났네

목련꽃 필때마다 외로움 더해가고
떠난님 보고파서 가슴이 저려오네
지금은 가고없어도 그리움은 남았네

목련꽃 다시필때 그님도 오시려나
봄바람 살랑살랑 내곁에 찾아오면
그님도 슬픈사랑에 목이메여 울겠지

한가위 보름달

한가위 보름달은 온세상 비치는데
내마음 파고드는 정겨운 옛추억은
한없는 그리움되어 희미하게 비치네

낙엽이 떨어지면

낙엽이 떨어지는 쓸쓸한 거리에는
외로움 내려앉아 발걸음 떨려오고
바스락 부서져가는 낙엽들의 소리여

사람들 발밑에서 산산이 부서져도
이듬해 가을이면 또다시 찾아와서
바스락 몸부림치며 날아가는 낙엽들

사계절 반복되는 자연에 법칙아래
이또한 운명인가 밟혀도 참아내는
낙엽들 비명소리가 우리맘을 울린다

석양

저너머 지는해는 서산에 걸려있네
우리내 인생살이 어디에 걸려있나
쓸쓸히 바라다보는 두눈에는 눈물이

어느덧 흔적없이 사라진 붉은노을
이것이 인생인가 후회가 답이련가
부모님 살아계실때 그시절이 그립다

어쩌다 속절없이 여기에 멈춰있나
깜깜한 밤하늘에 빛나는 별들중에
내별은 별똥별되어 허공속을 달린다

친구여

언제나 다정했던 친구의 말한마디
그리워 생각하다 살며시 잠이드네
꿈속에 반갑게웃는 친구얼굴 보인다

정답던 친구들은 지금은 어디있나
창공에 날아가는 새한테 물어본다
내친구 눈에보이면 만나자고 전해라

그동안 사느라고 얼마나 힘들었나
사는게 고행이다 이기며 살아보세
친구야 아프지마라 우리다시 만나세

하늘길

하늘길 멀다않고 혼자서 떠나건만
그리움 남겨놓고 외로이 가버렸네
다시는 찾지말라고 매정하게 떠났소

무엇이 그다지도 바빠서 빨리갔소
저승이 이생보다 얼마나 좋더이까
이다음 다시만날때 손꼭잡고 갑시다

인생길

바람이 스잔하니 마음이 외롭구나
쓸쓸히 떨어지는 낙엽이 가련하다
서서히 기울어가는 산마루터 초생달

낙엽은 굴러굴러 여행길 떠나는데
우리네 인생길은 갈곳이 어디메뇨
덧없는 나그네인생 구름따라 가누나

청춘은 간곳없고 머리는 반백일세
지나온 세월들은 어디로 흘러갔나
아쉬워 가슴태워도 속절없이 떠났네

안타까움

예쁘게 화장하고
쓸쓸히 떨어지는 그대
안타까워 한 줌 주워
가슴에 담는다

나도 시인

가을 너무 좋다
나도 시인 될 수 있어서
온통 산과 들
거리 한 폭 수채화니까

가을 연주회

빨강 노랑 연주복
귀뚜라미 반주에
바스락 노래하는
낙엽들 합창 소리

가을 멋쟁이

울긋불긋 연지곤지 온몸에 바르고
가을 단풍잎 바람 따라
이 마을 저 마을 소풍 떠나네

어찌 그리 아름다운지
샛노란 은행잎
빨간 단풍잎

화장솜씨 옷맵시 자랑할라고
저마다 거리 위로 우수수 함께 떨어져

재미있게 굴러굴러
제 모습 자랑하네

해바라기

해가 그리웠나
보고픈 님의 얼굴이 태양처럼 뜨거웠나

너는 언제나 해를 따라
얼굴을 돌리고 있네

그리워 말은 못 해도
묵묵히 자신을 표현하는
해바라기 나는 네가 좋구나

찬란한 태양빛에 타 들어가는 아픔도
그 그리운 하나 때문에 참고 또 참아
알알이 씨가 되어 온 얼굴에 박혀 있구나

풍경 소리

내 몸에 전율이 흐른다
심장에 고동도 잠시 멈춰 선다

저 그윽한 풍경 소리에
온몸이 사르르 녹아내린다

숲 내음 질세라 향기 뿜으며
입 안으로 먹혀 오는데

바람 소리마저 살랑살랑 내 마음 흔들고
풍경 소리 아직도 귓전에 걸려있네

저 멀리 석양이 찬란한 빛을 발하며
서서히 산등을 넘어가고

어디로 가는지 외기러기 쓸쓸히
석양 따라 가 버리네
풍경 소리만 꼬옥 나를 감싸 안아주네

봄

따스한 햇살아래 꽃망울 돋아나고
돋아난 마디마다 꽃들이 피어나네
환희에 햇살받으며 아름답게 피었네

꽃들은 향기뿜어 바람에 실려가고
벌나비 나풀나풀 꿀찾아 모여드네
다정한 꽃과벌나비 사랑으로 맴도네

여름

뜨거운 햇살아래 땀방울 맺혀지고
눈속에 파고드니 눈앞이 답답하고
온몸에 솟구치는땀 소리없이 흐르네

매미도 너무더워 그늘에 내려앉고
못다한 노랫소리 아쉬움 남아있네
태양은 이글거리며 찬란하게 비추네

가을

가로수 나뭇잎이 예쁘게 물들었네
은행잎 노오랗게 길위에 떨어지면
서글픈 가슴속에는 쓸쓸함이 쌓이네

저마다 낙엽들이 땅위에 뒹굴면서
바스락 소리내며 발아래 멈춰서네
부서진 낙엽사이로 그리움이 샘솟네

이택재

고즈넉히 울려 퍼지는
선비들의 글 읽는 소리
지금도 들리는 듯 귀에 맴도네

고풍스런 돌담 사이 한 그루 나무마저
고고하고 기품 있게 너울거린다
기에 눌려 조심조심 다가서서

길 나그네 두 어깨 힘주고
숨 한 번 크게 쉬고 목청 낮춰
적혀 있는 시 한 수 읊어 내리네

나그네 시 읽는 소리 청아하게
이택재 앞마당 차분히 내려앉으니
서성이던 마음 접고 사색에 잠긴다

이 몸 또한 삼백 년 전 태어났다면
이곳에 앉아 안정복 선생님 효심과
올바른 역사학 가르치심 받고

훌륭한 학자로 이름 석 자 남겼을까
사르르 눈 뜨고 보니 나뭇가지 사이

반갑다고 까치 한 마리 까악 인사하네

이택재 뒷마당 풀 한 포기까지도
그 옛날 법도 예의 지닌 선비처럼
겸손하게 오는 손님맞이 하는 것 같네

순암 안정복

예전이나 지금도 저 잘났다 당파싸움
벼슬에서 쫓겨난 많은 충신들
숨죽이고 남은 세월 한탄하며
머리 숙여 죽은 듯 살아왔건만

순암 안정복 심덕이 올바르고
학덕 또한 뛰어나 나라 위해
중국 중심 조선시대 역사 바로잡아
손끝으로 역사책 저술하셔서

대대손손 후손에 귀한 자료 남겼네
권력에서 밀려나 나라원망 술타령
아니하시고 학문에 열중하신
조선후기 실학자 안정복 선생님

백년에 한두 분 나올까 말까
우리나라 역사학 올바른 길 이끄신
위대하고 자랑스런 조선 학자이어라
수백 년 지난 지금도 책 살아 움직이네

한국역사에 길이길이 보존되어
귀하게 쓰여지는 보배로구나

국학의 상징적 아버지로 영원히
우리나라 역사학 인물로 존경받으소서

자랑스런 주상절리

수십만 년 전 평강군 오리산 화산 폭발
용암이 흘러흘러 한탄강 줄기 따라
현무암 주상절리 기막힌 경관 이뤘네

오가는 나그네 발걸음 멈춰 서서
감탄이 절로 나와 시 한 수 읊어보네
여보게 벗님네들 그냥 가면 섭섭하니

그대 또한 읊어보소 여유자작 그 시절
선비들 목소리 지금도 들리는 듯
내 마음 사로잡아 발걸음 멈춰 섰네

신비스런 풍경 속 나 또한 빠져들어
어설픈 시 한 수 적어보고 그려 보네
자연이 주는 아름다움 어디에 비하랴

한반도 중심 한탄강 주상절리
유네스코 세계 지질공원 등재
그 또한 영광일세 한탄강의 자랑일세

삼천리 금수강산 어디다 비교해도
손색없는 자연풍광 길이길이 보존하여
후세에게 아낌없이 물려주세나

인생길

바람이 스잔하니 마음이 외롭구나
쓸쓸히 떨어지는 낙엽이 가련하다
서서히 기울어가는 산마루터 초승달

낙엽은 굴러굴러 여행길 떠나는데
우리네 인생길은 갈곳이 어디메뇨
덧없는 나그네인생 구름 따라 가누나

청춘은 간곳없고 머리는 반백일세
지나온 세월들은 어디로 흘러갔나
아쉬워 가슴태워도 속절없이 떠났네

11월 샛별

우주 찬란한 빛 받으며
먼 길 돌고 돌아 샛별 하나
우리 품으로 돌아왔네

오색 뭉게구름 가마 타고
살포시 내려앉아
모든 이에 기쁨 주네

반짝이는 눈동자
밤하늘 별처럼
우리에게 희망 주고

티 없는 맑은 미소
우리를 설레게 한다
아이야 크거라 멋지게 크거라

드넓은 우주공간
마음껏 솟아올라
너만의 영롱한 빛으로
찬란하게 빛나거라

너는 우리의 소망이요

자랑스런 대한의 자녀란다
온 세상 아름답게 피어올라
영원히 빛나거라

독도 가는 날

머리 위에도
목에 두른 스카프
손에 손에 태극기
애국물결 넘실거린다

배에 오른 군중들
마음 들떠 있다
드디어 독도 가는구나
순간 설레임으로 눈 빛난다

삼대가 덕을 쌓아야
갈 수 있다는 독도행이다
그만큼 심한 파도 날씨
쉽게 들어갈 수 없다는 풍자

일본 자기 나라 땅이라 했나
지금 배에 타고 있는 모든 이
일본 만행 저주 퍼부을 것이다
일제 강점기 우리 숱한 고통 당했다

그것도 모자라 독도까지 자기 땅
울부짖는 일본에 잔인한 근성

잘못된 정신 저 푸른 바닷물에
깨끗하게 씻어 주고 싶다
배 서서히 독도 닿았다
발 디디는 순간 설렘과 기쁨
심장 뜨거워진다 눈시울 촉촉해온다
내나라 내 땅인데 색다른 감격 밀려온다

양손 태극기 휘날리며
얼굴 기쁜 물결 흐르고
서로서로 사진 찍어주며
대한민국 국민임을 자부한다

독도 가면 애국심 솟아오른다
무언가 흔적 남기고 싶다
대한민국 동쪽 땅끝 표지석
줄 서서 기다린다 사진 남기고 싶은 곳

나라에 대한 충성심 불붙는 곳이라 할까
우리 순간 다 애국자 된다
이 마음 영원히 간직한 채
독도 대한민국 섬 잊지 말아야 하네

솔로몬 위한 다윗 사랑

다윗왕 솔로몬 위해 온전한 마음과
기쁜 뜻으로 하나님 섬기길 원했고
언제나 하나님 찾으면 만날 것이요
버리면 영원히 버림당함 일깨워줌

솔로몬 불순종한 대가로

자기 위해 장수와 부도 원하지 않고 송사분별
지혜만 구해 하나님 더불어 지혜와 총명 부귀영화 주셨는데
이방신 위해 산당 짓고 불순종 죄의 대가로
그 후 아들 대에서 나라가 분열되었다

자연의 섭리

하늘이 하는 일
그 누가 알리요

조금 전 우르르 쾅
천둥번개

눈앞이 깜깜해 오더니
장대비 쏟아지네

어찌된 일이요
언제 비 왔나
삼십분 후 맑게 개인 하늘

한 치 앞도 모르는 게
인생이라 했거늘

날씨 또한 몇 초 앞도
예측할 수 없구나

인간의 나약함에
심장은 떨려오고

살 길은 머나먼데
걱정은 태산이라

티끌 같은 우리네 인생
하느님 도와주시옵소서

하나님 보고 계세요

하나님 지금 달려갑니다
저 전철 꼭 타게 해 주세요
늦었어요 급해요
도와주세요 하느님

숨이 입술 밖으로 터져 나온다
심장이 두근두근
땀이 흐른다
가슴도 저려온다

이렇게 전철을 탔다
다행이다 하나님 고맙습니다
세상 살아가는 목표
발목 시큰거리도록 뛰어서 달성

하지만 하나님께 향하는
일상은 어떠한가
필요할 때만 외치지 아니한가
급하지 않으면 순간 다 잊고 산다

세상눈이 멀어
보이는 것 욕망 명예뿐이다

숨 가쁘게 돌아가는 세상살이
온몸 만신창이 되어

결국 하나님 발밑에서
고통에 눈물 흘리며
회개와 용서 빌며 후회하네
하나님 저를 불쌍히 여겨 주시옵소서

어설픈 시인

어설픈 시인은
속없는 강정이요
흔들리는 갈대라

빈 수레바퀴 헛돌리며
깊은 감성에 빠져있네
잘 쓰고 싶은 욕심 하늘 치솟고

생각은 지쳐 시들어가며
온몸 병에 텃밭으로 자리 잡고
시간은 덧없이 흘러만 가네

부질없는 글 솜씨
한낱 휴지에 불과하고
생각은 타버린 재와 같더라

잘 쓰고 못 쓰는 건 자신의 착각
타고난 솜씨인 걸
세상 모든 이가 일등 아니니까

슬퍼하거나 목메지 말어라
보든지 말든지 쓰고 싶은 글

세상 밖으로 당당히 띄우거라

이마저도 안 쓰는 사람 더 많이 있네
위로받을 생각 말고 위로해줄 생각 마라
그리하면 너도 편하고 나도 편한 것을

슬픈 시인은 자꾸 시간이 뒤로만 흘러간다

통일 그날 빨리 오소서

일제 통치 고통받던
한 많은 민족이어라
비극에 역사 육이오 동란
나라는 폐허 되고

부모 잃은 어린아이들
배곯아 길바닥 죽어가네
차마 눈물 없이 볼 수 없는
처참한 대한민국이어라

가난과 질병으로
허덕이던 그때 우리 민족
생각만 하여도 목메인다
깡통 들고 밥 얻으러 다닌 많은 사람

칠십 이년 전 우리나라 모습이어라
그러나 지금 차고도 넘친다
너무 많이 먹어 탈이 난다
세계경제 대열 우뚝 솟아 있지만

백 년 전 그때같이 한이 남아 있구나
나라가 두 동강 남과 북 갈라져

통곡으로 살고 있는 부모형제 애절한
눈물 삼팔선 철조망에 피눈물이 맺혀지네

아 어찌하면 좋으리오
한반도에 슬픔이여
통일이여 어서 오소서
세계인에 소망이라

이제 기다릴 수 없는 호호백발 어르신들
가실 날이 멀지 않아 안타깝고 안타깝다
차마 못 잊어 두 눈 꼬옥 감지 못하실라
우리 소원 통일이여 하루빨리 오소서

온 세계로 울려나가
대한민국 통일 축복하게 하소서

여러분 생각은 어떠하신지요

전철 안 맹인 찬송가 부르며
소쿠리 들고 천천히 지나간다

보는 순간 내 손에 동전 두 개
그것도 백 원짜리 두 개

소쿠리에 넣어 주면서
쭈뼛거리며 자리 앉는다

사람들이 쳐다본다
조금은 겸연쩍다

아니다 나는 이백 원밖에
줄 수가 없는 형편인데

떳떳하자 얼굴 붉어지지 말자
다짐하며 살아온 긴 세월

하루에 이런 분 몇 분 만나면
그래도 내게는 작은 돈 아닌데

지금은 이백 원에서 천 원으로

내 삶이 풍부해진 걸까

아니다 마음이 변한 것이다
저 사람은 이것이 돈 버는 방법

나는 다르게 돈 벌고 있지 않나
돈이 필요한 건 마찬가지

소쿠리를 들 수 있는 용기
나는 칭찬하고 싶다

아무것도 안 하고 놀고먹는 사람보다 얼마나 용기 있고 떳떳한가
여러분 생각은 어떠하신지요

마스크 벗는 날

사람이 사람 피해 간다
서로 싫어하는 사이 아닌데

입에다 옷 입혔다
하얀 옷 까만 옷

얼굴 거의 다 가린 채
두 눈만 움직인다

가려진 얼굴 속 표정
미소인가 근심인가

어쩌다 세상 이렇게 변할 줄
세계인 얼굴 입혀진 마스크

쓸데없는 말 하지 마라
입 다물고 조용하라

듣기 싫어 내린 벌인가
저 잘났다 재잘재잘

잘난 체하지 말라

내린 벌인가

답답하고 답답하다
마스크 훌훌 벗는 날

우리 모두 각성하고
입조심 말조심해야 되겠네

우산도 없이

하늘 문이 열렸나
억수같이 쏟아지는 장대비
그 속 우산 없이 걷고 있다

비가 얼굴 타고 내린다
눈물인지 콧물인지
아무도 분간 못 한다

흐르는 빗줄기에
뜨거운 마음 씻어 주는 걸까
비를 친구 삼아 걷고 있나

장대비 맞으며
구슬피 걸어가는
외로운 사람

빗줄기 사이
소리 없이 눈물
흐르고 있네

사랑했기에
아파해야 하는
우리들의 이야기란 말인가

순종이 제사보다 낫다

순종이 제사보다 낫다 하셨거늘
불순종한 사울 하나님께서 버리셨고
만군의 여호와 이름으로 골리앗과 싸운 다윗
여호와께서 다윗과 함께 계시므로 사울이 두려워함이라

덧없는 인생

산천에 나뭇잎은 저리도 무성한데
내 마음 깊은곳에 쓸쓸함 가득하네
세월은 말없이흘러 추억만이 남았네

외로운 인생살이 힘들고 고달퍼도
살아온 나날들이 그래도 보람일세
덧없는 나그네인생 구름따라 가누나

옛 그림자

세월은 유수같이 말없이 흘렀건만
사는건 예전이나 똑같이 힘이드네
변한건 얼굴잔주름 구부러진 등허리

손에든 지팡이는 힘없이 떨려오고
등뒤에 부는 바람 발걸음 재촉하면
가슴에 솟아오르는 지난날의 옛 청춘

청춘은 떠나가고 살길은 머나먼데
세상은 삭막해져 인정은 간곳없고
늙은이 옛그림자 찾아 부질없이 헤매네

통일 우리의 소원

철조망으로 갈라진 슬픈 대한민국
통일 그날 기다리며
애통하는 한 많은 민족
그 고통 이겨내며 살고 있다

남쪽 하늘 쳐다보며 울부짖는
부모형제 구슬픈 피눈물 소리
북쪽 하늘 그리워 슬피 우는
가슴 여미는 애틋한 울음소리

언젠가 하나 되어 전 세계 울려나갈
평화의 노랫소리 빨리 오소서
우리는 갈라질 수 없는 민족
영원의 피가 흐르는 형제자매

오 통일이여 하루속히 오소서
우리의 희망찬 내일을 위해
통일 그날 애타게 염원합니다
남과 북 뜨거운 사랑으로 하나 되게 하소서

대설

눈이 많이 온단다
걱정도 되지만 반갑다
온통 세상 눈부시게 빛나고
찰나 너무 아름다워

티 없는 소녀같이
나도야 눈사람 되어
하얀 천사와 나란히
눈 위를 걷고 있겠지

세상 번뇌 다 잊으려고
하얀 눈으로 씻고 또 씻어
찬란한 또 다른 세상 향해
드높은 창공 날고 있으려나

펑펑 눈은 쏟아지는데
하염없이 눈 맞으며
나만의 세상 찾으려
쓸쓸히 꿈을 향해 걸어가네

인생사 가슴 아프다

장대비 쏟아진다
가난한 자에게 주는
순간 축복이다

에어컨 없는 집
잠시 더위 식혀준다
잠깐이지만 감사드린다

선택할 수 없는 능력
더우면 더운 대로
추우면 추운 대로

자기 의지는 없다
자연이 주는 대로 말없이
따라주는 주어진 인생

전생에 죄가 많았나
쉬지 않고 노력해도
가난 속에 허덕이는 사람

이것이 인간이 해결할 수 없는 숙제다

그리운 님이여

너무 보고 싶어
잠시 눈을 감았습니다

두 눈 속 담겨진 그대 얼굴
지금도 다정히 웃고 있네요

혹시 그대 모습 그려지지 않을까
걱정도 했는데

하나도 변하지 않은 그대 보며
뜨거운 눈물 흘러내립니다

때론 까맣게 지우려고
타는 가슴 불로 태워도 봅니다

재가 되어 날아가는 그대
차마 볼 수 없어 하얀 밤 지새웁니다

항구의 이별

뱃고동 울면 갈매기 끼룩끼룩
떠나는 이 외로울까
보내는 이 쓸쓸할까
뱃머리 앞장서 너울너울 춤추네

이별 아픔 끝없이 출렁이고
떠나면 언제 오나 애타는 마음
두 손 모두 갈매기 되어
푸른 창공 날고 있다

배는 어느새 보이지 않고
갈매기 힘없이 두 날개 접고
파도 의지하며
두둥실 떠나간다

항구에 이별이란
하얀 물거품 되어
파도와 함께 밀려가고
그리움만 남아있네

갈매기는 새우깡 좋아해

갈매기야 새우깡 잘 먹는구나
나도 새우깡 좋아해 우리 친구 할래

내가 가끔 새우깡 갖다줄게
내가 오면 반갑다고 노래 불러줘

그런데 갈매기야 새우깡
새우 잡아 만들어 새우한테 미안해

다음에 뻥튀기 갖다 줄까
뻥튀기 많이 먹어도 미안하지 않아

갈매기야 네 생각은 어떠니 말해줘

개미 한 마리

법당 앞마당
개미 애벌레 물고 가네
저보다 훨씬 큰 애벌레
끙끙거리며 끌고 간다

큰 스님 보시고 개미야
살생하지 마라
부처님 말씀 잊었느냐
애벌레 불쌍해 보인다

어찌 물고 가느냐
개미 하는 소리
스님 고기 먹고 싶어서요
불쌍하지만 맛있을 거 같아요

그래도 산목숨 죽이면 되느냐
사람도 소나 돼지 먹는데요
맞다 맞아 크게 잘못된 거지
그래서 스님은 고기 먹지 않는단다

두 물줄기

한반도 두 개로 나눠진 슬픈 땅
그 땅에 살고 있는 우리는 슬픈 민족

마음은 서로 이 땅 저 땅 넘나들며
부모형제 그리며 수십 년을 울고 있다

피가 섞인 부모형제 차마 못 잊어
한 맺힌 서러움 피눈물 되어

임진강과 한탄강 물에 띄워
한강 물길 따라 서해로 흘러간다

그 넓은 바다 두 줄기 강물은
서로 위로하며 통일에 염원 품고

온 세상 사람 마음속 따듯하게 스며들어
한반도 통일 축배의 잔에 채워지리라

임진강 한탄강 두 줄기 강물이여
우리 서로 하나 되는 날 넘실넘실 춤추며

아름다운 꽃잎 강물에 띄워 주리다

성호마을

회룡천 물줄기 성호마을
마음씨 고운 총각 살고 있다네

여보시게 마을 사람들
그 총각 이름 일현이라네

혹시 길에서 만나면 칭찬 좀 해주시게
크게 도와줘서 고마운 게 아니고

요즘 같은 바쁜 세상 자기 시간 빼앗기며
서슴없이 도와주는 착한 총각이라오

인자한 마음은 타고난 성품이오
세상 빛이 되는 아름다움이라네

저 또한 여러분들 우리 모두 합심하여
살기 좋은 세상 만들어 갑시다

소슬바람

바람이 서늘도 하여라
가을에 부는 소슬바람
정겹게 품안에 파고드네

나른한 오후 뒷마당 쪽마루
비스듬히 걸터앉아 있노라면
어느새 사르르 두 눈은 잠이 든다

소슬바람 노랫소리
세상 근심걱정 내려놓고
잠시 평화로운 이 내 몸은

천국이 부럽지 않네

물 대신

한탄강 물줄기
하얀 눈이 소복소복

어느새 쌓였는지
노루 발자국 자박자박

백로도 다녀갔나
새 발자국 반겨주네

목말라 찾았는데
살얼음 위 하얀 눈꽃 피었네

물 대신 한 입 물고 어디로 떠나갔나

슬픈 한반도

나라는 두 동강이
슬프고도 슬프도다

뜬 눈으로 흘린 눈물
피 눈물이 되었다네

바람아 구름아
대답 좀 해주렴

통일 그날이
언제쯤 오려는가

머리에 백발도
다 낙엽 되어 떨어지네

몇 가닥 남은 백발
그나마 없어지면

이 내 몸 통일 그날을
맞이하지 못하고

저 하늘 구름 되어
허공을 헤매겠네

코로나 19

가거라 떠나거라
영영 떠나거라

다시는 생각 말고
미련 없이 떠나거라

너 없는 세상이
더더욱 행복했단다

그리움이란

그냥 언제나 보고 싶다
생각만 해도 가슴 메인다
두 줄기 눈물 뜨겁게 흘러내린다

생명의 원천

심해 찬물 천년 주기로
온 바다 순환 생명 불어 준단다

그 속 살고 있는 무수한 생명
그 생명 우리 먹고 산다

양식하고 키워가며
수없이 많은 먹이 찾고

영양도 중요하지만
바다가 지닌 유일한 맛 느끼며

바다 삶에 희망 가져다 준다
고달프고 힘들 때 푸른 바다 바라보며

슬픈 날들 파도와 함께 띄워 보낸다
바다 세상 눈물 다 모이는 곳

어머니 품과 같이
나를 감싸고 용서한다

그래서 바다는 희망 주고

새로운 꿈 살아나는 생명 원천

그 바다 우리는 좋아하며
바다에 마음 적시고 발 담가본다

봄

생기가 흐른다
희망도 부풀고
꿈도 다시 살아 움직인다

친구

생각만 해도 기분 좋다
만나면 더 즐겁다
헤어질 때 다시 만나자 꼭 약속한다

베란다 나팔꽃 연정

도심 18층 베란다 나팔꽃
잠 깨어 창문 열면 반갑게 맞아주네

순간 그녀 입가 환희에 미소 흐르고
다정히 들려오는 꽃들 노래 젖어든다

동네 앞마당 담타고 올라가
예쁘게 피워주던 정겨운 나팔꽃

회색 콘크리트 도심 고층 아파트
수줍은 듯 가녀리게 피어오른 너의 모습

보는 이 마음 더 설레게 하고
꽃이라기보다 애틋한 추억 한 아름

베란다 화분에 꽁꽁 담아
그리움 함께 살고 있는지 모른다

그녀 또한 세월 흘러 반백
아름답던 옛 시절 생각하며

고귀한 마음 간직한 채

18층 베란다 그리움 가득 담아

내일을 기약하겠지

주꾸미 친구 청자

2007년 태안 앞바다
고기잡이 어망에 걸린 주꾸미
청자를 꽉 쥐고 올라왔네

바닷속 정답게
숨바꼭질하던 친구
헤어지기 싫어 손잡고 같이 왔나

주꾸미야 미안해
너는 바다에 살아야 되는데
어망에 걸리게 해서 정말 미안해

그런데 청자 데리고 와서 고마워
청자는 우리한테 귀중한 보물이거든
주꾸미야 너는 다시 바다로 보내줄게

바다에서 친구들과 재미있게 잘 살아

스스로 증인 되다

하나님과의 약속 무생물인 돌까지도
인정하고 증거가 되리니
이는 하나님을 믿는 자마다 스스로
경외하며 진실하게 약속 지켜 나감이라

미래의 바다

우리 미래 향해 달리고 있다
현재보다 내일 위해 열심히 살고

더 나은 삶 위해 옛부터 노력
지금도 그렇게 살고 있네

바다 역시 미래의 자산
하늘과 땅과 바다

바다 맨 마지막 자리 잡고
모든 걸 포용하고 보담는다

바다는 아버지와 같다 했나
어머니 품속이라 했나

깊고도 넓다
세상 다 안아주고

무수한 자원 바닷속 잠재
더 편한 세상 열어주는 보물창고

그 바다 우리 아끼고

바다가 우리 포용하듯

우리 바다 안아 줄 수 있는
넉넉한 사람이면 좋겠다

구하옵나니

하나님 외에는 아무 믿을 사람
없음 알게 하시고 끝까지 하나님
경외하는 자 삼손에게 그가 원하는 것
이루게 하시는도다

속상한 새우 할아버지

소라가 나팔을 분다
뿌웅뿌웅 얘들아 놀자
날씨가 너무너무 좋다
모래가 반짝반짝 빛나

바위틈에 잠자던
두 손 집게 꼬마 게도
그럼 나도 모래 위에서
일광욕 해볼까

옆에 있던 새우 할아버지
수염 쓱쓱 쓰다듬으면서
구부러진 등허리 쭉 펴시고
니네들은 좋겠다

나는 모래 위에 누우면 숨이 막혀 죽어
모래찜질 하고 싶은 새우 할아버지
속상해서 수염만 자꾸 쓸어내려
수염이 길게 자라나나 봐

제일 좋은 우리 동네

얘들아 다 모여라
밖에는 천둥 치고
번갯불도 번쩍번쩍
너무 무서워

여기는 비도 안 맞고
우리가 사는 바닷속이
제일 좋은 동네라고
고래 엄마가 말씀하셨어

마음껏 뛰어 놀아도 된다고

무슨 놀이 할까 오징어 형하고
먹물놀이 할까 물총놀이 할까
문어 오빠하고 대머리놀이 할까
모두 재미있겠다 신나게 놀자

아니야 나는 뱀장어하고 미끄럼 탈 거야

다암면 매화축제

광양 매화 눈부신 햇살 받으며
다함없이 반짝이네

섬진강 아지랭이 피어오르는 이슬 품고
아름답게 피었구나

수많은 군중 속 나 또한 하얀 꽃
흰 백발 휘날리며 꽃잎에 입 맞추네

젊은 날 그대 입술 착각하며 닦아서다
설레는 두 뺨 홍매화 그대보다 더 붉어졌다

저마다 그리운 추억 만드느라
모든 이 얼굴 꽃처럼 아름답고

소박하고 순결한 너의 모습
옛 생각 떠올리며 그리움 젖게 하는

그대는 광양의 빛나는 매화

나라를 위한 정치인

내가 죽었다는 말 하지 마라
아군의 사기 떨어질까
영웅 이순신 눈 감으며
마지막 남긴 이 한마디

뼛속까지 저려오는 혼이 담긴 충성심
이 시대 정치인 저 잘났다 당파싸움
백성들 배곯아 죽는지 모르고
당선되면 다른 당 잡아넣기 바쁘네

저 잘났다 싸움에 백성은 갈팡질팡
뜬눈으로 밤새우고 한숨소리 드높구나
이순신 장군 행여 나갈 때 백성들
애통하고 마음 아파 눈물바다 이뤘는데

이 시대 정치인 누구 하나 죽어도
불쌍하다 우는 이 몇이나 되나
애국과 충성 마음에서 일어나는 것
나라위한 진실한 사랑으로 이 나라 이끄소서

18세 유관순 열사 나라 위해 처참하게 죽임당하고
32세 안중근 의사 나라 위해 자기 몸 바쳤는데

요즘 정치인들 나라 위해 무엇 하시었소
나라의 흥망성쇠 그대들 손에 달려 있구료

이왕에 하시려면 진정한 애국정신
백성 위한 정치 하시기를
힘없는 백성으로
부탁 아닌 충고 한 말씀 올려봅니다

사계절

벚꽃 잎 살포시 머리에 내려앉는다
그대 손 나를 만지는 것 같다

계곡 시원한 물 발 담고 있으면
나뭇잎 동동 발 스쳐간다
그대의 손길 같다

나뭇잎 저마다 곱게 물들어 갈 때
그대 얼굴빛 내 마음속 젖어든다

하얀 눈 펑펑 쏟아지면
그 속 그대 서 있는 것 같다
그래서 더 보고 싶다

봄 여름 가을 겨울
그대 한 번도 잊은 적이 없네
언제나 그리운 사람으로 남아있다

구절초

산기슭 한 모퉁이
고귀하게 피어난 그대에 반해

이름도 모르면서
그저 가을 들국화라 불렀네

가을 뜰 흔히 만나
친근했던 새 하얀 꽃

화려하지 않아도
청초히 소박한 꽃

무더위 견디고 가을과 친구 되어
우리 곁으로 다가와

추억과 사랑 선물하는 들국화
너의 이름은 구절초라네

건축 I

우르르 쾅

광음이 들린다
천둥번개 비바람 이겨내고

영혼이 담긴 물체 그대로
살아 숨 쉬고 있다

신이 만든 것도 아니요
자연이 잉태한 것도 아닌데

모두들 신비한 듯 어루만지며
그 영혼 속으로 빠져든다

각국마다 형형색색
자연의 섭리 배반하지 않고

이 모양 저 모양 상상초월
조형의지 담긴 섬세한 건축물

인간 스스로 만들고 그 앞에
무릎 꿇고 감사와 경배 드린다

위대한 역사 뒤에
버팀목으로 영원히 후대에게

가치의 생명을
불어넣을 것이다

6월의 편지

푸르른 나뭇잎 싱그러운 계절
님을 향한 시 한 편
현충원 뒤뜰에 앉아 적어 내린다

저 높은 우주 속 영혼의 님들
조국위해 몸 바쳐 이 곳에 계시네
보는 이 마음 애틋한 눈물 흘러내린다

몸은 비록 잠들어 있지만
그대들의 나라 위한 충혼
위대한 대한의 꽃으로 영원히 피어오른다

님들의 부모형제
눈물로 쓴 편지
묻어두고 가셨겠지요

저희는 하얀 백지 위에
감사한 마음 적어 놓고 갑니다

그렇게 6월은 모든 이 마음
애국물결 솟아나게 하고
무더운 여름 이겨낼 강한 힘 심어주네

불행했던 6월
그것은 찬란한 내일로
다시 우리를 맞이하게 될 것이다

2020년 봄

이르게 찾아온
봄맞이 코로나19

온통 세상 뒤범벅
창살 없는 감옥인가

우리 미처 몰랐던
일상 속 행복

절실하게 깨달으라
경고하며 다가섰네

혼자 있어 행복한 게 아닌
같이 있어 행복한 것을

한 치 앞도 모르는 게
우리네 인생

뭐가 그리 바빠
허둥지둥 살아왔나

주 영광 교회 성도

주일마다 만남도 행복

도란도란 이야기하며
식사한 것도 행복

따뜻한 커피 한잔
이 얼마나 행복이었나

마스크 없이 입 벌리며
걷던 것도 행복인 것을

사람과 사람 만나
얼마나 소중한가

이제라도 귀히 여겨
섬김으로 받드세나

주 영광 성도님들
우리 모두 감사하며

행복하게 살아보세나

역대상

여호와 말씀 지키지 아니한 사울
마지막 스스로 목숨 끊게 하고
자식 또한 멸하시도다

왕위 다윗에게 넘겨주신 하나님
하지만 많은 사람 피 흘리게 한 대가
다윗 또한 성전건축 허락 안 하시고

후대에 넘기신 하나님 다윗은
온전한 마음과 기쁜 뜻으로
솔로몬 하나님 섬기길 원했고

언제나 하나님 찾으면 만날 것이요
버리면 영원히 버림당함을
솔로몬에게 일깨워 줌이라

계명과 법도 지키면
그의 나라 영원히 견고하게 되고
아름다운 땅에 영원한 기업 되리라

다윗은 여호와를 송축하며
영원부터 영원까지 주께 감사하며
영화롭고 거룩한 이름 찬양하였더라

에스라의 비통한 심정

가나안 땅 사람들과 결혼하지 마라
이 말씀 거역 통혼한 사람 때문 에스라 금식 선포
기가 막혀 겉옷 속옷 찢고 머리털 수염 뜯으며
무릎 꿇고 주 앞에 감히 서지 못하겠나이다 함이라

하나님 능력과 노하심

엘리사 뼈에 닿자 죽은 자도
다시 회생시키시는 하나님
아사랴 신당에서 제사 드려
죽는 날까지 나병 환자로 살게 하심

창세기(능력으로)

인간 사악함 보시고 물로 심판하신 하나님
코로나로 고통받는 세상사람 불쌍히 여기사
노아 950세 살게 하신 능력으로
우리 120세 누릴 수 있게 코로나 씻어 가시옵소서

여호와의 노하심

여호와의 뜻을 따르지 않고
다른 신에게 제사 드린 자
어떤 왕이든 다 멸하시고
죽임을 당하게 하심이라

무궁화

근엄하여라
존귀하도다

조국을 생각하며
애국 심어주는

고귀한 꽃이기에
그대가 피어있는

곳이라면 어디라도
미소 흘러나옵니다

마음속 깊이 스며드는
설레이는 애절한 꽃

평화 생각하며
행복 꿈꾸고

희망 심어주는
거룩한 대한의 꽃이어라

나이야 들지 말어라

구십 넘은 어머니 만나러
칠십 넘은 딸 요양원 들어선다
엄마 잘 지냈어
딸 엄마 얼싸안는다

먼 길 어떻게 왔니
걱정하는 엄마 눈 속에
반가운 이슬 맺힌다
보석보다 더 귀한 엄마 눈물

그 보석 딸 가슴 파고든다
모녀는 목이 메인다
얼마나 보고 싶었을까
얼마나 그리웠나

서로에 대한 그리움
요양원 가득 차고 넘친다
약은 잘 드시고 있지
더 이상 아픈 데 없고

딸의 한마디 한마디
엄마 걱정 서려 있다

나는 괜찮은데
너는 아픈 데 없니

밥 잘 먹고 아프지 마라
아프면 얼른 병원 가고
요사이 흔히 볼 수 있는
요양원 풍경일세

그 옛날 부모 늙으면
고려장 지냈다는데
요즘 나이가 들면
요양원에 보내진다

당연하게 펼쳐지는 사회현상
마음 아프고 먹먹해진다
누구나 나이는 먹는 건데
그 옛날 고려장 별반 다를 게 없네

2020년 꽃

그대 아름답게 피어
어서 오라 부르지만
지금은 갈 수 없어
가슴 아파옵니다

이 마음 아시는지
그윽한 향기 꽃잎에 실려
온몸 감싸 주시니
감사와 경배 드립니다

눈부시게 피어오른 목련
하늘하늘 꽃비 내려주는 벚꽃
가슴 속 깊이 파고드는 라일락 향기
우아하게 피어오른 꽃 중의 꽃 장미
고귀하고 아름다운 순간
모든 것이 담담하게 스쳐갈 뿐
다가서지 못한 2020년 봄은
그리움과 아쉬움 남기고

소리 없이 여름 문턱을 넘어갑니다

솔로몬의 지혜

이 또한 지나가리라
세상 모든 희로애락
잠시 머물다 지나가는데

세상은 온통 욕심 속
출세 명예 구렁 속 휘말려
뒤돌아볼 시간 없이 달려간다

남는 건 무엇인가
결국 한 줌 흙
하늘 아래 티끌

모든 건 마음먹기
욕심 하나 내려놓으면 편한 것을

그대도 나도 알고 있다
오늘을 사는 현실에서
어쩔 수 없다고 스스로 달래며

순간 텅 빈 머릿속 솔로몬의 지혜 스쳐간다
허나 이것은 생각뿐 오늘도 욕심과 동행하며
초조하게 살고 있다

유관순

151.5
채 피어나기 전 17

소녀 가슴에 피어난 조국
오로지 해방 위해 솟아올라

몸과 마음 다 바쳐
모든 이의 가슴속에

뜨거운 애국 물결 흐르게 하고
손에 손에 태극기 휘날리며

온 천지 진동시켰다
그것은 애국이었다

나라 잃은 애끓는 분노
처절히 부르짖는 자유해방

일본 잔혹한 핍박
싹터 오르는 분노 한 송이 꽃

피눈물 나는 현실

태극기로 맞서 싸우며

온 백성 목메어 울부짖었다
오직 인간답게 살고자 하는

작은 분노의 대합창 소리
잔인한 총칼 앞에서

피 흘리며 굴하지 않는 애국심
하늘도 우리를 도와

해방 맞이하였다
그러나 슬프게 해방 맞지 못하고

죽어간 열혈 애국 백성들 죽음
너무 애통하고 마음 아프다

끝내 다 피어나지 못하고
처참하게 두 눈 감은 유관순

소녀의 죽음 헛되지 않게
우리는 기억할 것이다

태극기 흔들며 죽어간
애국지사들 고통소리

유관순 열사 최후의 죽음
우리는 영원히 잊지 못할 것이다

의정부 보름달 되고 싶어

온 세상 아름답게 비추고 싶어
작은 별 하나 잠에서 깨어납니다

온통 주위는 깜깜한데
저 멀리 떠있는 영롱한 별빛

눈부시게 반짝 온몸 파고들어
뜨겁게 달구어지는 심장 박동

어느새 활활 타오르며
의정부 하늘 보름달 되어

겁도 없이 떠오르고 있습니다

지금 살고 있는 회룡마을
꿈과 희망 심어준 정 깊은 동네

많은 분한테 넘치는 사랑 받아
그것이 디딤돌 되어 고귀한 빛으로

더 넓은 세상 귀히 보답하는
작은 보름달로 살겠습니다

대영 자녀들이여

우주 찬란한 별들
그중 반짝이는 대영 별

그대들 어느 곳에 있으나
영롱하고 청초한 빛

서로 이해하고 보담으며
선생님 귀히 섬기며

부모님 존경하고
이웃 사랑하며

세상 아름답게 비쳐
모든 이에게 꿈 실어주소서

그대들 눈빛 속
내일 희망 걸어봅니다

대영에 고귀한 자녀들
세상 등불 되여 아름답게 피소서

너희는 귀중한 보배

대한에 소중한 자녀이니라

튼튼하고 정직하게 자라
살기 좋은 대한민국 이끌어 주소서

제일 아름다운 날에

하늘에는 영광
땅에서는 기쁨
이 세상 태어나
제일 아름다운 날이어라
찬란한 축복 받으며
둘이는 하나 되었다
눈부신 태양 고귀한 사랑
새들 노래하고 꽃들도 춤춘다
태초에 남자와 여자
서로 의지하며 살라고
짝 지우신 하나님 은혜
보배롭고 존귀하도다
이기적이고 자유분방했던
혼자 시간 이 순간 멈춰버렸다
그동안 산 날보다 앞으로 살 날이
밤하늘 별처럼 무수히 반짝인다
작은 일도 잘났다 이기려 말고
큰 잘못도 사생결단 하지 마라
인생 길어야 백 년 요즘 늦게 만나
둘이 사는 날 그리 길지도 않다
어차피 한번 태어난 인생
오래 잘 사는 것이 축복이다

공자 맹자보다 높은 스승 웃자
속상한 일도 웃어야 오래 산다
남편이 술 먹고 늦게 와도
그냥 바보처럼 방긋 웃어 주어라
아내가 친구 만나 늦게 와도
히죽히죽 속없이 웃어주어라
이탈리아 밀라노 대성당에는
모든 즐거움은 잠깐이다
모든 고통도 잠깐이다
오직 중요한 건 영원한 것이다 쓰여 있다
처음 만나 설레이던 마음으로
처음 손잡던 뜨거운 열정으로
영원히 사랑하며 예쁘게 살아다오
오늘같이 좋은 날 행복하기 바란다
어느 멋진 사람이 한 말
웃음은 평생 먹어야 하는 상비약
사랑은 평생 먹어야 하는 비상약
이 두 가지 약 항상 가지고 다녀라
그래야 오래오래 행복하단다

그대 옆에서

나 그대 옆에 앉아 있습니다
그대들 귀한 생각 희생

가난한 조국에 많은 경제
소망 위해 부끄럽지 않게

살아온 나날 마음 깊이 새겨봅니다
그대들 일생 아프게 살아왔지만

그것은 헛됨 아닌 조국 위한 몸부림
우리 겸허히 받아들이고 있습니다

여기 쓸쓸히 혼자 앉아 계셔도
국민 한 사람 한 사람 가슴속 깊이

그대들 뜻을 잊지 않고
더 훌륭한 대한민국 거듭나기

머리 숙여 염원합니다

GS25
도봉구
평화의소녀상

2부

詩가 주는 삶

정춘미 동시

강아지풀

털이 솔솔 보드러워요
한 줄기 뽑아서

친구 콧등 살짝
간지러워 재치기해요

강아지풀 참 재미있어요
강아지 꼬리처럼

솜털이 보송보송
손으로 쓰다듬으면

손바닥 간질간질
손가락이 춤을 춰요

잠자는 예쁜 동생
발바닥 살살

발가락 옴칠옴칠
간지러워 화가 나서

응애 깨어났어요

울다 강아지풀 보고

방긋 웃는 동생 손에
강아지풀 쥐여줬어요

솜사탕

놀이동산 솜사탕
너무 맛있네

호호 불어도
살살 녹아요

입안 꿀맛이네
너무 행복해

얼마나 맛있나
한입 먹어볼까

아까워 조금 드렸다
정말 맛있구나

엄마 아빠 입에도
달콤한 솜사탕

떡국

떡국 매끈매끈
맛있겠다

노란 지단 하얀 지단
떡국에 꽃처럼 피어있네

까만 김가루
사르르 녹아내린다

입안에 들어가니
꿀꺽 목으로 미끄럼 탄다

떡국도 나처럼
미끄럼 좋아하나 봐

엄마놀이 힘들다

친구야 엄마놀이 하자
너는 애기 나는 엄마하께

내가 엄마니까
맛있는 거 많이 사주께

어떤 거 먹을래
좋아하는 아이스크림

그래 그럼 엄마 해
아이스크림 사주는 거다

아 내 실수
아이스크림 먹으면 감기 걸려

엄마한테 혼나
그럼 나 소꼽놀이 안 할래

내 코는 아빠 코

동생은 뺑코
엄마 닮아 코가 빼쭉
아빠 닮아 키는 꺽다리

나는야 누굴 닮았을까
키는 땅꼬마 얼굴 빈대떡
모두 날더러 못난이란다

아빠 세상에 내가 제일 예쁘단다
아빠 닮은 납작코 귀엽다고
내가 제일 싫어하는 납작코

동생 나 보면 빈대떡 먹고 싶단다
나는 맛있는 알밤 먹으라고
머리를 콕콕 쥐어박는다

세배

할아버지 할머니
새해 복 많이 받으세요

엄마 아빠
새해 복 많이 받으세요

저도 새해
복 많이 받으께요

빨리 세뱃돈 주세요
돼지 배 곪은 거 같아요

돼지에게 밥 주려고요

내 동생

동생은 욕심쟁이
맛있는 초코렛
손에 꼭 쥐고
아까워 핥어 먹어요

조금 달라 해도
싫다고 머리 흔드네
꽉 잡고 힘주니
초코렛 흐르르 녹는다

거 봐 쌤통이다
온통 손이 범벅
그 손 옷에 쓱쓱
옷 더러워졌다

엄마 이게 뭐니
잘 먹지 지저분해
얼른 옷 갈아입어
나는 옆에서 싱글벙글

동생 혼나는 게 재미있어서
초코렛보다 더 맛있게 웃고 있네

콩자반

밥상에 콩자반
염소 똥 닮았네

몸에 좋다고
많이 먹으라신다

으윽 먹을 수 없어요
염소 똥 생각나서

콩은 단백질도 많고
키도 쑥쑥 자라는데

어쩌나 아까워서
엄마 혼자 다 먹고

하늘만큼 자라서
달 속 토끼랑 놀다 와야지

우리 강아지

현관문 들어서면
반갑다고 춤을 춰요

하루 종일 혼자 있어
심심하고 외로웠나

품 안에 파고 들어
끙끙대며 눈물 흘려요

미안해 꼬옥 안아주고
쓰다듬으면 어느새

애기처럼 으흐흐
코 벌렁이며 눈 감아요

3부

내가 살아가는 이야기

정춘미 수필

577돌 맞은 자랑스러운 한글

지금 우리나라는 인터넷 강국으로 세계에서 으뜸으로 자리 잡고 있다. 그 옛날 수백 년 후를 내다보고 세종대왕께서 만든 훈민정음 덕분이다. 알파벳은 26개로 한글과 같은 소리문자이고 조합도 쉽지만 위치에 따라 발음이 다르다. 나라별로 음이 다른 단점도 있지만 한글은 하나의 글자가 하나의 소리만 가지고 있다. 어휘 종합 능력도 가장 다양하다. 세계 언어학자들은 한글이 과학적이며 독창적이고 진보적인 글자로 세계 으뜸임을 인정한 것을 여러분도 다 아실 것이다. 한글은 어휘 조합능력이 8800여 개로 중국어 400여 개, 일본어 300여 개와 비교가 안 되는 수준이다. 한글은 발음기관의 모양까지 반영한 음성 공학적 문자여서 세계의 언어를 다 표현할 수 있으며 기계적 친화력도 가장 좋아 정보통신 시대에 꼭 필요한 문자라 할 수 있다. 우리 모두 한글을 사랑하고 한글날을 기억하면서 나라에 충성을 다하는 대한민국 국민으로 자랑스럽게 살아야 한다. 세종대왕께서 글씨를 몰라 제 뜻을 말하지 못하는 답답한 백성을 가엾게 여겨 만드신 글자이니 더없이 지혜롭고 인자한 마음에 감사해야 한다. 세계가 하나로 이어져 가는 좋은 시대에 살고 있지만 멋있게 보이고 세계적으로 보이려고 하물며 아파트 이름까지도 외국어로, 음식점 이름도 외국어, 커피 마시는 장소도 외국어가 판을 친다. 어떤 간판은 외국어로만 되어 있어 무슨 뜻인지 알 수 없을 때가 더러 있다. 현시대에 맞춰 세상을 내다보며 살아야 한다지만 자기 나라 안에서 굳이 다른 나라 글자로 간판을 달아야 하는 부질없는 사람들 행동이 가끔은 좋아 보이질 않는다.

한글은 얼마나 과학적인가 하면 중국어나 일본어는 획이 많아 같은 뜻을 전할 때 한글은 5초면 되는데 중국어나 일본어는 35초나 걸린다고 한다. 수백 년 전 세종대왕이 만든 훈민정음 얼마나 위대한가. 이 자랑스러운 한글을 갖고 있는 국민으로서 자부심과 긍지를 갖고 전 세계로 한글을 알려야 할 의무가 우리에게 남아있다. 영어가 세계 공통어라 하지만 한글도 세계 사람들이 필요로 하게끔 우리 모두 노력해야 한다. 일제의 지배와 6 · 25를 겪은 한이 많은 국민으로 얼마나 가난하고 처참하게 살아왔나. 그게 불과 75년 전 일이다. 이 비참한 상황 속에서 힘든 일을 이겨내고, 지금 우리는 세계 강국으로 자리 잡고 있다. 모든 국민들이 다 열심히 일하고 나라를 위해 노력한 덕분에 지금 잘 먹고 잘 살지 아니한가. 또한 대한민국은 글을 읽지 못하는 문맹이 없는 나라로도 꼽히고 있다. 이 얼마나 다행스러운 일인가. 훈민정음은 백성을 가르치는 바른 소리라 했거늘. 우리 모두 한글날을 기억하고 우리말이 왜곡되지 않도록 대대손손 후손에게 올바르고 정확하게 그 뜻을 심어주는 한마음 되어 한글을 사랑해야 한다.

2005년 10월 9일을 국경일로 승격시키고 2023년 현재 공휴일로 지키고 있다. 올해 577돌을 맞이한 한글이 너무 자랑스럽고 뿌듯하다. 일제 시대 일본 정부에서 한국말을 쓰지 못하게 강제로 우리를 지배했다. 자기 나라 속국으로 우리를 이끌어 말까지 못 하게 했던 어처구니없는 시대를 살아온 우리 민족의 쓰라리고 아픈 고통이었다. 생각만 해도 아찔하다. 그때 우리가 일제 만행에서 못 벗어났으면 지금 우리는 한국말을 모르고 살고 있을지도 모른다. 세계 모든 나라들이 자기 나라 글자로 기록을 남기고 역사를 써야 정확하게 기록될 수 있고 후세에게도 잘 전달될 수 있는데 야비한 일본 정부가 우리를 지배하다 못해 말까지 막아버린 잔인한 행동으로 조선인들을 학대하고 무시한 일들을 우리는 기억하고 알아야 한다. 그래야 더 나은 미래를 위해 조국에 대한 애정과 애국심으로 이 나라를 더 튼튼하게 이끌어 나갈 것이다. 한글이 세계 공통어가 되길 바라며 이 글을 써본다.

두 개의 태양

9호선 삼전역 화장실에 소변보러 들어갔다 나오는데 신발에 뭔가 뭉클 밟히는 게 있어 쳐다보니, 발밑에 똥을 밟은 것이다. 누가 군데군데 똥을 떨어뜨려놓고 나간 것을 모르고 들어갔다 밟은 것이다. '어마 이게 뭐야 똥이잖아, 어떡해' 더러워서 얼굴이 사색이 되어 한쪽 발을 들고 호들갑을 떨면서 휴지를 돌돌 말아 바닥에 놓고 신발을 문지르고 있는데, 마침 미화원 아주머니가 들어와 보더니 바닥에 물을 뿌려놓고 신발 밑을 물에다 비비라고 하면서 신발을 벗으라 하신다. 신발을 닦아 준다고… 본인 신발에 묻은 것도 아닌데 어쩜 이렇게 친절할까? 나는 너무 고마워서 아주머니께 감사하다고 머리를 숙였다. 화장실 안쪽을 쳐다보니 누가 몇 시간 전에 누다가 떨군 것 같다고, 조금 말라 있어서 보지 못하고 밟은 것 같다고 아주머니가 말씀 하던 중, 또 다른 미화원 아주머니가 들어오시더니 자기가 다시 닦아주겠다고 신발 바닥에 남아 있는 똥을 물걸레로 닦으면서 더 문지르라고 휴지를 떼어주신다. 나는 신발에 묻은 똥이 처음에는 너무 더럽고 구역질이 나서 쩔쩔맸는데 순간 두 분을 쳐다보면서 마음이 진정되었다. 어떻게 마음들이 저리도 착할까. 나는 더럽다는 생각과 누가 이랬는지 신경질만 나는데, 두 분은 얼굴 하나 찌푸리지도 않고 서로 닦아 준다고 하니, 순간 더럽다는 생각은 없어지고 고마운 마음에 다시 인사를 했다. 두 분 미화원 아주머니가 바닥을 깨끗이 닦고 나간 뒤에도 나는 혹시 신발 닦다가 손에도 묻은 것 같은 찜찜한 생각이 들어 손도 여러 번 닦고 또 닦았다. 왜 못 봤지? 나는 평소에도 공중 화장실에 들어갈 때는 찬찬히 보고 들어가 앉는 데가 지저분할까 휴지로 닦고 앉는데, 오늘 이런 일이 벌어진 것이다. 나는 두 분께 "어쩜 그렇게 친절하세요?" 물으니 "우리가 해야 할 일을 한 건데요. 괜찮아요." 너무도 당연한 듯 말을 한다. 아무리 돈을 받고 일을 하는 거지만 적어도 한 번쯤은 '똥을 잘 누고 나가야지 더럽게 이게 뭐야' 할 텐데 자기들의 몫이라고 싫은 소리 한마디 없이 일을 하는 두 분을 쳐다보며 '아 저분들이 이 나라를 밝혀주는 태양이구나. 세상을 깨끗하게 해주고 자기 본분을 다해 일하는 모습이야말로 애국자가 따로 있나, 이분들이 애국자구나' 마음이 무언가 뜨거워지는 걸 느꼈다.

우리나라 정치인들도 다 저랬으면 좋겠다. 신념을 갖고 국민을 위해 일하면 좋으련만 서로 잘났다고 당파싸움 하느라 정치는 언제 하려는지. 국민들은 살기 힘들어 뜬눈으로 밤을 지새우는데 이 나라를 이끌어 나갈 정치인들의 모양새들은 믿음이 없고 충효가 보이지 않으니 어찌하면 좋겠습니까. 이순신 장군 상여 나갈 때 온 마을 사람들이 눈물바다를 이뤘는데, 요즘 정치인 누가 죽으면 몇 명이나 슬프다고 울어줄까? 당선되면 본인 출세, 명예, 부에만 눈이 멀어 진정한 올바른 정치가 무엇인지 모르는 것 같아 국민들은 고개를 흔든다. 예산낭비 또한, 멀쩡한 찻길에 아스팔트는 왜 더 까는지. 뒷골목 길이 패이고 울퉁불퉁 블록이 깨져 넘어지기 쉬운 곳들은 몇 년이 지나도 고치지 않고 눈에 잘 띄는 대로변만

치장하는 보여주기 식 예산 낭비. 국민들은 마음 아파한다. 옛날 낫 놓고 기역 자도 모르는 문맹시대도 아니고, 지금은 정치를 안 하는 국민도 다 똑같이 알만큼 알고 지식이 넘쳐나는 시대인데도 국민을 의식하지 못하는 정치인들을 삼전역 미화원 아주머니한테 정신교육 보내면 어떨까? 자기가 할 의무와 권리를 책임져야 한다는 의식을 배워 국민을 위한 진정한 정치인으로 거듭나길… 두 분을 보는 순간 생각이 나서 적어본다. 작은 일에도 진심과 열정을 아끼지 않고 감사할 줄 아는 그런 정치인들이 앞으로 많이 나왔으면 좋겠다.

이른 새벽 떠오르는 태양을 바라보며 환희와 자연의 위대한 모습 앞에 감탄과 찬사를 보내면서, 무릇 연약한 인간의 나지막한 바람은 오늘도 무사히 하루를 잘 보내고 내일이라는 미래 앞에 걱정 없이 잘 살기를 기원하며 몸속 심장은 쿵쾅쿵쾅, 내 생각보다 빨리 뛰고 있음을 느끼게 된다. 일이 벌어지는 순간 '어젯밤에 무슨 꿈을 꿔서 오늘 재수가 없나' 투덜거렸지만, 오늘 나는 재수가 없는 게 아니라 재수가 좋은 날이라 생각한다. 그렇게 좋은 두 분을 만났으니 이것도 오늘 나에게 얼마나 다행이었나. 삼전역을 나와 밖으로 한참 걸어오다 문득 생각이 났다. '아 그분들 성함을 물어볼걸. 다음이라도 여기를 오게 되면 작은 선물이라도 갖다 드려야 하는데…' 역에서 많이 왔기에 되돌아가서 물어보자니 귀찮은 생각이 들어 지나쳐 버렸다. 내가 삼전역에 갈 일이 생기면 물어보겠지만 벌써 2년이 지났는데 계실는지 모르겠다. 그 두 분이 안 계시더라도 삼전역 화장실에 두 분에 대해 예쁜 시 한 편 써서 액자에 담아 걸어 두고 싶다. 이 화장실에 태양처럼 빛나는 마음씨 고운 아주머니 두 분이 청소하던 곳이라고. 내 것이 아닌 모든 사람들이 다 같이 이용하는 곳은 더 신경 써서 깨끗하고 소중히 여기는 그런 사람들이 많이 사는, 살기 좋은 대한민국이 되길 바란다.

내가 35년 전 일본을 다녀온 적이 있다. 관광여행을 간 게 아니고 일본 음식문화가 어떤가 알아보기 위해 35명이 단체로 일주일 동안 일본을 방문했다. 그 당시는 지금처럼 외국 나가기가 쉽지 않았지만 우리나라에서 월드컵 올림픽 세계적인 대회가 다가오고 있어 음식점을 경영하는 분들을 요식협회에서 우리나라 음식문화를 발전시키게 하기 위해서 다녀오게 한 것이다. 여기저기 많은 식당들을 돌아보고 음식도 먹어 보면서 우리에게 필요한 부분을 배워왔다. 그런데 나는 처음 일본에 가서 깜짝 놀란 게 있었다. 어쩌면 그렇게 가는 곳마다 화장실이 깨끗하고 교통질서가 잘 되어 있는지… 사람들이 많이 이용하는 시간대에도 차와 차 사이 간격이 정확하고, 길거리 간판들도 잘 정리되어 크고 작게 분별없이 달려있지 아니하고 크기라든가 균형이 정돈된 느낌을 받았다. 거리에 차들도 작은 차가 훨씬 많이 다니는 것을 보면서, 일본이 잘 살고 있는데도 남한테 보여주기식 생활을 안 하는구나 싶었다. 우리나라 사람들은 좁은 골목길에 살면서도 차는 매우 큰 것을 타고 다니고 주차 공간이 부족해 불편한데도 큰 차를 선호하고 좋아하는데… 가치관이 많이 달라져 있음을 느끼게 했다. 일본한테 많은 고통과 아픔을 당해 일본을 적대시하지만 그래도 배울 것은 배워야 한다는 생각이 문득 들었다. 지금은 우리나라도 많이 발전되었지만 35년 전에는 우리도 지금과 달리

뒤떨어지는 나라였다. 지금 우리는 세계에서 알아주는 대한민국으로 거듭나고 k-팝 시대와 IT 강국으로 명성을 날리고 경제대국으로 우뚝 서 있다. 한국이 어디 있는지 모르지만 가보고 싶은 나라로 인정받고 잘살고 있어 너무도 감사하다. 6 · 25 동란으로 가난하고 참혹했던 아픔을 잘 견뎌내고 지금에 대한민국을 만들어낸 훌륭한 민족이다. 인정도 많아 불행하고 도움이 필요한 사람들이 있는 곳이라면 자기 몸 아끼지 않고 서슴없이 다가가 도와주는 훌륭한 국민으로 거듭나고 있다. 지금 대한민국은 빛나는 태양처럼 세상에 빛을 발하고 사랑과 온정으로 살아가는 모습이 너무 아름답다. 떠오르는 태양도 중요하지만 사람이 빛을 발하면 세상이 더욱 빛날 수 있음을 마음속에 새기면서 나 또한 빛이 되어 세상을 밝혀주는 그런 사람으로 거듭나기 위해 노력하고, 자신보다 남을 위해 살 수 있는 용기와 인내로 세상을 바라 볼 수 있는 지혜로 넘쳐나길 바란다.

생수 한 방울

전국이 들썩들썩했던 경연대회에서 30호 가수가 당당히 일등을 하고 상금 1억 원을 탔다. 모든 무명 가수들의 소망을 30호 가수가 해낸 것이다. 얼마나 애타게 기다리던 소망이었나. 세상 사람들에게 본인의 노래를 알리고 인정받기를 원하면서 여태껏 노력했는데 세상은 그리 호락호락하지 않았고, 어디 발 딛고 서서 노래 부를 무대도 허락하지 않았을 것이다. 가수라는 직업을 포기하고 다른 길을 찾아 나서야겠다고 생각하는 찰나에 경연대회가 벌어졌고, 거기다 마지막 승패를 걸고 출전했는데 일등을 한 것이다. 때론 자기가 좋아하는 것도 생활을 위해 포기할 줄 알고 다시 세상을 헤쳐 나갈 마음의 준비를 한 사람이었기에 마땅히 이런 사람이라면 상을 받을 만하다. TV 앞에 쪼그리고 앉아 상 받는 것을 부러운 듯 열심히 쳐다보던 미숙이는 '후' 하고 한숨을 쉰다. '저 사람은 좋겠다. 지금 이 순간부터 남들이 부러워하는 인기 가수가 되잖아. 나는 이게 뭐야. 나이가 몇 살인데 결혼도 못 하고 얼굴에 기미도 끼고 주름도 자글자글 속 터져 못 살겠네. 부모가 가난해 물려받은 재산도 없고 키도 작고 얼굴도 못생겼는데… 대학도 못 다니고 학력도 없어서 혼자서 이리 뛰고 저리 뛰고 닥치는 대로 이것저것 다 하는데도 겨우 이 모양인데' 미숙은 순간 이런 생각에 잠기는 것 같더니 겉옷을 걸쳐 입고 밖으로 나간다. 막상 밖으로 나가보니 별로 신통한 일이 없다. 친구한테 전화 걸기도 그렇고 어디 혼자 카페에 가서 앉아 있기도 그렇고. 어슬렁거리며 상점 앞 쇼윈도를 힐끔힐끔 쳐다보던 미숙은 마트로 들어가 맥주 한 병, 소주 한 병, 과자 한 봉지 사들고 집으로 돌아와 식탁 앞에 앉아서 잔에다 소맥을 만들어 홀짝홀짝 마신다. 무슨 맛이었을까? 네 맛도 내 맛도 아니었을 것이다. 친구들과 어울려 마셨다면 깔깔 호호 수다 맛이었을 텐데, 처량스레 혼자 마시는 술맛은 어떤 느낌이었을까. 소맥 두어 잔 마시던 미숙, 아! 하고 벌떡 일어나 옷을 걸쳐 입고 밖으로 뛰쳐나간다. 얼굴이 약간 상기되었다. 미숙이 총총걸음으로 달려간 곳은 복권방이었다. '로또 한 장, 연금복권 한 장 주세요' 복권을 받아 들고 나온 미숙이 얼굴에 당당함이 보였다. '그래 내가 일등 돼서 친구들보다 잘 살면 되지.' 복권 두 장을 주머니에 넣고 미숙은 기쁜 마음으로 집으로 돌아왔다. 남은 술을 다 비운 미숙, 비틀거리며 침대로 가서 이내 잠이 들었다. 그리고 며칠이 지났을까. 복권 맞추는 날짜가 지나갔지만 '혹시 아무것도 안 됐으면 어떡하지' 걱정되는 마음에 며칠 있다 맞혀보려고 미루다, 어언 일 년이 다 된 것 같아 그때서야 복권을 꺼내 맞혀보니 오천 원짜리 한 장이 맞았다. 그런데 아뿔싸, 돈 찾을 수 있는 날짜가 삼일 지나간 것이다. '아 어떡해, 아까워서 내 돈 오천 원 어디서 찾지?' 오천 원 아까워서 안달을 떨던 미숙은 '뭐 내가 오천 원 타려고 복권 샀나, 삼십 억 타려고 로또 사고 십육 억 팔천만 원 타려고 연금복권 샀는데 그까짓 오천 원은 돈도 아니다.' 복권을 박박 찢으면서 허탈하게 웃던 미숙이 오늘도 종종걸음 하면서 시간당 9000원을 벌기 위해 일터에서 식은 땀을 흘린다. '누가 시원한 물 한 컵 갖다 주면 좋겠다. 목이 마르네. 물

좀 마시고 일해야겠다.' 종종걸음으로 정수기 앞에 다가서는 미숙의 이마에는 땀방울이, 아니 생수 한 방울이 맺혀 또르륵 콧등에서 미숙의 입으로 스며들고 있었다.

연금에 한이 맺혀

내 나이 75세, 오늘도 고달프게 아침 눈을 뜨고 허둥지둥 일터로 간다. 도시락을 싸들고 복작거리는 사람들 틈 사이로 재빠르게 계단을 오르내리면서 전철을 3번이나 갈아타고 노인석에 앉아 오늘이라는 하루 설계를 생각하면서, 무사히 직장에서 동료들과 잘 지내고 아무 탈 없기를 바라면서 이런 생각 저런 생각에 잠긴다. 지금 내 나이는 어느 직장에서나 제일 나이 많은 축에 속한다. 지금 일하는 곳도 적게는 20대 중반부터 오십 대 중반 육십 대 초반 나이가 많다. 그중에서 나는 제일 왕언니에 속한다. 어떻게 생각하면 이런 나이도 젊은 사람들하고 같이 일할 수 있다는 게 보람도 있지만, 한편 사람들은 '아니 자식들이 용돈 주지 않으세요? 연세도 많으신데 힘들지 않으세요?' 묻는 사람들도 있다. 그럴 때마다 약간의 민망함과 초라한 내 모습을 상기시키지만, 그래도 나는 굴하지 않고 당당하게 일을 하지만 젊어서 나이 들어 먹고살 연금을 해놓지 못한 게 너무도 한이 되고 자신이 원망스러워 더 열심히 일하고 있는지도 모른다. 실은 남편도 나도 학교 졸업하고 젊은 이십대 때는 둘이 다 공무원이었는데 나는 아이를 낳으면서 자식을 키워야 해서 중간에 그만두고, 남편도 생각 없이 젊은 패기에 그만둔 것이다. 이럭저럭 지내다 보니 세월은 지나가고 생각처럼 돈이 벌어지는 것도 아니고 자식들 다 키워 결혼시키고 나이는 먹고 막상 나에게 남은 돈은 한 푼의 저

축도 없었다. 막상 자식들이 조금씩 준다 하더라도 요즘같이 둘이 벌어야 사는 시대에 자식들한테 폐 끼치는 부모가 되기 싫어 지금도 열심히 직장에 나가고 있는지도 모른다. 같이 공무원 하던 친구들은 연금을 타서 편하게 생활하는 걸 보면 부럽고 나 자신이 너무 속상하다.

나는 십 년 전부터 아는 사람이나 젊은 사람들한테 '나를 봐라 연금이 없어 이렇게 죽을 때까지 일해야 먹고살지. 나를 모델 삼아 국민연금이나 보험회사 찾아가 꼭 연금을 들라'고 많이 일러주고 말해준다. 나를 봐서라도 형편 되는 대로 연금 꼭 들라고 이야기해주는 내 심정, 참 안타깝기만 하다. 차라리 나라에서 성년이 되면 무조건 얼마씩 의무적으로 거둬들여 노년이 되면 연금으로 주는 게 국민을 위하는 것이 아닐까 생각도 해본다. 연금을 붓다가 중간에 해약하지 못하게 법으로 정하고 늙어 힘없을 때 연금으로 주었으면 하는 의견도 정부에 권하고 싶다. 늙어 힘없고 돈 없으니 자식한테 폐가 되고 자신도 초라하고 사는 게 재미가 없고 쓸쓸하지 아니한가. 나는 꽃을 좋아해 땅이 있고 나무가 있는 시골에 살고 싶지만 막상 시골로 들어가면 돈을 벌 수가 없어서 못 들어간다. 약간의 보험료와 가끔 가는 병원비, 아는 사람들과의 경조사비, 이 또한 없는 사람에게는 큰돈이다. 도시 근처에 살아야 직장을 다닐 수 있기 때문에 시골로 가면 연금이 없어 무얼 먹고 사나 엄두가 나질 않아, 내가 좋아하는 꽃들을 마음속에 새기며 오늘도 열심히 일터로 간다. 나는 가끔 복권을 사는데 로또복권이 아닌 연금에 한이 맺혀 연금복권을 산다. 최고로 맞은 게 오천 원이다. 오오~ 어찌할꼬~ 연금이여~~ 누구든지 노후에 생활할 수 있는 돈을 조금씩이라도 젊어서부터 수년간, 두

조건 저축해야 함을 이제야 나이가 들어 너무 절실하게 깨달았다. 이 글을 읽어 보시는 여러분께 조금이라도 도움이 되길 진심 어린 마음으로 바라며 남긴다.

죄송합니다 어머니

나는 오늘 새로 산 핸드백을 들고 자랑스럽게 출근을 했다. 퇴근 후 대문을 열고 들어서면 마당에서 배추를 다듬고 계신 엄마한테 "엄마 오늘 사무실 동료들이 핸드백이 나보다 크다고 놀렸어. 이게 그렇게 큰가? 나는 잘 모르겠는데." 엄마는 "누가 그런 소리를 해, 어떻게 핸드백이 너보다 크다고 말도 안 되는 소리를 해!" 버럭 큰 소리를 내셨다. 당장 달려가 야단을 치실 기세로 내 편을 들어주신 엄마 목소리가 오늘따라 더 듣고 싶다. 나도 세월이 흘러 지금 세 아이의 엄마인데도 가끔 그 목소리가 귀에 쟁쟁하게 들리고 엄마 모습이 떠오른다.

그때 내 나이 23세, 어린 나이도 아닌 다 큰 처녀인데도 엄마는 항상 내 편이셨고 막내인 나를 많이 좋아하셨다. 엄마 나이 43세, 아버지는 53세 때에 나를 낳으신 것이다. 그 시절로는 꽤 많은 나이에 낳으신 것이라 할 수 있다. 요즘은 세상이 좋아져 70대 노인도 노인 같지 않고 젊어 보이지만, 그때는 60살이면 노인이고 환갑잔치도 하는 시절이었기에 이모들이 나를 보면 '너는 노인 자식이라 몸도 작고 약하다'고, 특히 엄마 바로 밑 큰이모가 가끔 이런 말씀을 했다. 지금 시대에는 병원도 좋고 제왕절개도 사주팔자 좋으라고 날 잡아서 하며 사십 중반에도 거뜬히 아이를 낳지만, 그때는 첫아이부터 마지막 임신까지 아기가 생기면 어쩔 수 없이 다 낳는 시절이었기에 막상 낳기 싫어도 어쩔 수 없이 낳게 된 아이가 바로 나다. 내가 생겼을 때 큰오빠 보기가 창피했다고 엄마 친구끼리 말씀하시는 것을 어렴풋이 어릴 적 들은 적이 있다. 맨 처음 언니, 그다음 오빠가 다섯, 맨 끝찌로 내가 세상에 태어난 것이다. 그래서 우리는 칠남매. 한집에 아버지, 엄마, 오빠 다섯, 큰올케언니, 나까지 아홉 식구가 살았다. 언니는 이미 시집을 가서 딴 집에 살고 언니도 자식을 낳아 내가 꼬마인데도 이모가 되어 있었다. 국민학교 시절, 지금은 초등학교라고 하지만 그때는 국민학교라 불렀다. 학교에서 소풍을 가면 엄마들이 저학년 때에는 다 따라와서 같이 가곤 했었다. 그러면 나는 엄마를 쳐다보면서 '엄마 다른 엄마들은 다 젊은데 엄마는 왜 나이도 많고 늙었어? 엄마도 젊었으면 좋겠다.' 투덜대며 말을 했던 때가 엊그제 같은데 나도 나이가 들어 할머니가 되었다. 철없던 어린 시절 엄마한테 생각 없이 툭툭 던졌던 한마디 한마디가 엄마가 되고 보니 죄송하고 후회가 된다.

아버지는 내 나이 22살 때 결혼도 하기 전 돌아가시고, 엄마는 결혼하고 두 아이의 엄마가 되고 나서 29세 되던 해 돌아가셨다. 더 일찍 부모를 잃은 사람도 있지만 내 나이 서른도 안 돼서 부모님들이 다 돌아가셨기에 이런 게 막내의 슬픔이 아닌가 생각한다. 지금도 부모에 대한 정이 그립고 아쉬워, 때론 엄마가 보고 싶어 눈가가 촉촉해질 때가 있다. 직장 동료들이나 친구들이 부모가 계신 걸 보면 '부럽다, 니네들은 좋겠다. 엄마가 있어서 살아 계실 때 잘해드리라'고 당부를 한다. 돌아가신 후 후회하고 울어도 다 소용없는 일이라고. 그런데 나는 엄마한테 큰 죄를 져서 지금도 가슴이 아려오고 죄송한 마음으로 살고 있다. 그렇게 날 좋아하시던 엄마가 집 거실에서 푹 쓰러지셨는데 눈도 못 뜨시고 의식이 없었다. 그 길로 나는 집 앞에 있는 병원으로 정신없이 달려가 문을 쾅쾅 두들겼으나 마침 그날이 휴일이라 아무도 병원 문을 열어주는 사람이 없었고 힘없이 집으로 돌아와 보니 엄마는 숨을 거두신 것이다. 그때 집에 오빠들이 있었지만 그 시절에는 집에 전화도 없고 차도 없던 시절이라 큰 병원 한번 못 가시고 그렇게 돌아가셨다. 그때는 누구나 돌아가시면 안방에 모시고 병풍을 치고 조문객들을 받고 삼 일 후에 장지로 모셨다. 돌아가신 다음 날 염을 하는데 나는 무서워서 마지막 엄마 얼굴을 보지 못하고 덜덜 떨면서 다른 방에 있었다. 그렇게 사랑하고 좋아하던 엄마의 마지막 얼굴을 보지 못하고 보내드린 것이다. 사람들은 엄마가 정을 떼고 가느라고 내가 그렇게 무서웠던 것이라 말했다. 다른 사람들도 정 떼고 가는 분은 무서워 못 본다고 나를 위로했지만 지금 이 순간까지도 엄마한테 미안하고 죄송스러운 불효녀이다. 엄마하고 추석이나 설날 한복을 곱게 차려입고 할머니 댁 친척집 이웃집을 정답게 다녔고, 엄마한테 내 무릎 베고 누우라고 하고 엄마 귓밥을 파내주면 좋아하셨는데… 염하는 날 그런 일이 일어난 건 지금도 내게는 안타까운 일이다. 내가 죽는 날까지 이 세상에서는 영원히 숙제로 남아 있을 것이다. 그런데 나는 꿈속에서 엄마를 보면 그날은 기분이 좋고 일이 술술 풀린다고 할까 좋은 일이 생기는데, 똑같은 엄마를 놓고 올케언니는 꿈에 엄마가 보이면 근심이 생기고 안 좋다고 말한다. 시어머니와 며느리 사이에 관계가 돌아가신 후에도 이렇게 다르게 느껴지니, 시어머니 며느리는 어쩔 수 없는 피가 섞이지 않은 남남인 것을 증명하는 셈이다. 나는 올케언니가 꿈 이야기를 하면 뭐라 그럴 수도 없고 듣기 싫어 피해 나간다. 그 올케언니가 지금 92세로 몸이 불편해 요양원에 계신다. 오빠도 아들도 앞세워 보내놓고 홀로 쓸쓸히 남아 있는 것이다. 나하고 올케언니 사이는 좋은 편이고 가까이 지내왔는데, 언니가 요양원으로 가시게 돼서 마음 아프다. 세상사 영원히 사는 사람은 없지만 나이가 드셔서 한 분 한 분 내 곁을 떠나는 분들이 많아지고 나 또한 언제 갈지 모르는 인생이다. 한 치 앞도 모르는 게 인생이라 했거늘.

'여러분, 부모님 살아 계실 때 전화 한 번이라도 해서 힘을 주시고, 멋진 말 한마디에 사랑을 나누시고, 진정으로 마음에서 우러나오는 효도를 하며 살아가는 게 지금 우리들의 몫이라 생각하며 이 글을 적어봅니다. 부모라는 두 글자, 불러만 봐도 눈물 나고 보고 싶은 위대한 존재임을… 부모는 내 인생에 영원한 멘토이며 없어서는 안 될 귀중한 분이신 걸 나이가 들어가면서 알게 되었습니다.'

4부

청소년의 꿈을 키우고

아이들의 글과 그림 모음

수박

김시은

수박을 갈라보면 무엇이 나올까?

수박 속에는 빠알간 태양이 있다.
수박은 태양의 기운을 담고 있다.

수박의 씨앗은?

태양의 흑점들!

꼬리잡기의 말썽쟁이

김시은

오늘 저녁 먹고 나서 샤워하고 양치하고 그것도 방금, 나는 꼬리잡기를 했다. 엄마와 둘째 동생 소은이와 셋째 동생 의찬이와 넷째 동생 예찬이와 함께, 정말 재미있었다.

우리들은 먼저 꼬리를 골랐다. 나는 황금 보자기를, 소은이는 수건을, 의찬이와 예찬이와 엄마는 빨래바구니에 있던 빨래를 꼬리로 끼웠다. 그런데 의찬이는 꼬리를 장난으로 돌돌 말아 너무 짧게 했다.

어쨌든, 게임을 했을 때, 나는 곧 꼬리가 빠졌다. 나는 다섯 판을 했는데, 두 번 승리했다. 두 번은 소은이가, 한 번은 엄마가 이겼다.

나는 게임 도중에 소은이에게 "우리 힘을 합쳐서 엄마 먼저 꼬리 빼고, 우리들끼리 하자"라고 말했다. 그런데 나는 열심히 했는데 소은이가 그 와중에 내 꼬리를 빼서 배신당한 것 같았다. 정말 믿는 도끼에 발등 찍힌 일이었다.

그리고 다른 일에는, 나랑 소은이만 남아서 하고 있는데, 갑자기 예찬이가 달려들어 내 꼬리를 빼는 것이 아닌가! 예찬이는 깍두기였다. 그래서 예찬이가 빼면 다시 꼬리를 달 수 있다. 그런데 예찬이가 내 꼬리만 자꾸 또 빼고 또 빼서 화나면서 웃겼다.

그리고 마지막쯤에 의찬이가 꼬리 빠졌는데도 소은이의 꼬리를 잡아 당겼다. 이 꼬리잡기의 말썽쟁이들…. 하지만 귀엽다. 그래서 화를 잘

못 낸다.

이쯤에서 내가 생각한 그러나 이미 쓰고 있을 수도 있는 방법을 쓰려 한다. 그 방법이란 상대와 정면으로 싸울 때 살짝 몸을 낮춰서 바짓가랑이 사이로 꼬리를 빼는 것이다. 실제로 나는 그렇게 소은이를 한 번 이겼다.

그리고 일기 내용이랑 상관없지만 이야기 둘을 쓰겠다.

1) 오늘 왕무지개를 봤는데 정말 멋졌다.

2) 쓰려고 했는데 갑자기 생각이 안 난다. 꼬리잡기는 즐겁다.

오늘의 질투 나는 두 가지 대박 사건

김시은

날씨: 소나기가 그쳤다가 다시 온다.

오늘 학교에서 말이다. 두 가지 엄청난 일이 있었다. 학교에 와서 아침시간에 한 친구가 원래 우리들 자리에 책상과 의자가 하나 더 놓여 있다고 말했다. 그것이 무슨 뜻인지 아는가? 오늘 전학생이 온다는 것이다! 모두 신이 나서 이것저것 자신의 생각을 말했다.

어떤 애는 '남자애면 좋겠다.'라고 말하고, 어떤 애는 '여자애면 좋겠다'라고 말했다. 나는 여자이면 좋겠다고 생각했다. 우리 반에 여학생이 남학생보다 2명 더 적을뿐더러 내가 여자이기 때문에 새로운 친구가 여자였으면 좋을 거라고 생각했다.

그런데 이름이 개시되자 모두 남자라고 입을 모았다.

'정 평' 이게 그 애의 이름이었다.

마침내 전학생이 들어왔다. 여자아이였다. 중국에서 살다가 왔다고 했다. 1학기는 안 다니다가 2학기부터 다닌다고 했다. 나는 '나랑 비슷하네'라는 생각이 들었다. 나도 1, 2학년은 안 다니고 3학년을 다니기 때

문이다.

그 애는 중국인인 것 같았다. 그런데 어쩌면 부모님 중 한 분만 중국인이실 것 같았다. 그 애는 여자애였다.

나는 오늘 선생님께서 계속 평이만 신경 쓰시는 것 같았기 때문에 질투가 났다. 맨날 내가 마지막이라 닫던 교실문도 이제 평이가 닫으니 기분이 이상했다. 그리고 친구들도 다 걔 쪽으로 가서 싫었다. 화장실에서 서영이가 내게 말했다.

"너 이제 라이벌이 생긴 것 같다."라고.

나는 원래 공부를 거의 1등을 달리고 있었다. 그런데 평이도 잘하는 것 같아서 조금 걱정된다.

오늘 대박 사건이 또 하나 있다.

우리 반에서 키우는 메추리가 드디어 알을 낳았다. 신기했다. 그런데 내가 목격하지 못해서 아쉬웠다.

오늘은 조금 질투가 났던 하루였다.

수영장 실랑이

김시은

날씨: 집에서도 선풍기 안 켜면 덥다.

어제 나는 아침부터 괜히 화가 났다. 무엇 때문인지는 모르겠다. 나는 방학숙제를 하기 싫었다. 그래도 마음을 다 잡고 숙제를 하려는데 아빠가 아직 나의 연주가 좋지 못하다고 하셔서 더 속상했다. 거기다 엄마가 수영장 이야기를 하셔서 숙제하기 싫어서 화가 날 때마다 그것으로 "나는 꼭 방학숙제 다해 서 수영장 갈 거야!"라고 말하며 마음을 달랬다. 하지만 내가 아무리 연습해도 리코더 연주가 별로 나아진 게 없었다. 곡에 B플랫이 있었기 때문인 것 같다. 악기 연주 아니면 일기 쓰기나 특기 살리기 활동을 해야 했는데, 특기 살리기인 이야기는 생각이 나지 않고, 일기장은 보이지 않았다. 그 와중에 밖에서 아빠가 들어오셔서 망고 스무디를 가져다 주셨다. 아빠와 동생이 갖다 준 망고 스무디를 먹자 기분이 한결 나아졌다.

그런데 다 마시고 나서 좀 이따가 얼마 안 되어 나는 일이 꼬여서 나에게 화가 났다. 그리고 엄마한테도 화가 났다. 그래서 엄마에게 화를 내는 편지를 썼다. 지금 생각하면 죄송하다.

엄마가 들어오셔서 나와 이야기를 하셨다. 나의 속상했던 마음을 털

어놓자 한결 나아졌다. 내가 수영장 이야기를 했더니, "엄마가 수영장 이야기를 해서 마음에 근심이 되었구나"라고 말씀하셨다. 과제를 끝내자 생각지도 못했던 수영장(사계절 썰매장)으로 가게 되었다. 수영장에 있는 물썰매를 탔는데 아빠가 매우 좋아하셔서 나의 마음도 덩달아 신났다. 아, 몰랐던 행복이다. 나는 더 행복하다.

일기장

김시은

일: 일기장 속에 글을 적다 보면, 나의 마음속 생각이 피어오르네
기: 기록하는 습관을 들이면, 이 시간이 영원히 기억되네
장: 장마다 장마다 나의 생각과 하루가 기억돼있네

잠

원민재

새삼 돌아보고 또 돌아봐도
너는 참 욕심쟁이다

좀 무시하려 하면 온몸 힘 빼앗는 너는
진짜 이기적이다

어릴 적 이치를 몰라 무심히 넘긴 너
이제는 네가 참 무섭다

가을

원민재

한 소쿠리 여름을 세월없이 뿌렸더니
세상은 온통 가을이 되었습니다

녹음빛 열정은 갈빛 잎새에 주춤대고
흩날리는 낙엽 위에 숨습니다

빛과 바람과 오색찬란함은 또다시
한 발자국 한 발자국 다가옵니다

이불

이로희

나를 언제나 따듯하게 감싸주는 이불

언제나 따듯하고 포근한 이불

이불은 말랑말랑하고

언제나 나를 감싸줘요

2021년 2월 2일 화요일

주제: 오늘 있었던 일을 정지장면 으로 그리기

이그림은 내가 붕어 빵을 먹는 그림이다.

맛있는 붕어 빵을 먹어서 즐거웠다.

붕어 빵이 작아 먹기 편했다.

또 먹고싶은 맛있는 붕어빵 이다.

2021년 2월 17일 수요일

주제: 만화로 오늘 나의 생활 나타내기

츄릅! 맛있는닭강정!

재밌게 유튜브를 보았다.

맛있는 닭강정을 먹었다.

아! 폭죽이

아 이걸 이렇게 계산

폭죽을 재밌게 분해했다.

화약 가루와 색지가 들어있었다.

수학문제를 풀었다.

나무와 리본
자 연는 예쁘다
1학년 2반 송혜교
가능초등학교 (이름)

3학년 1반 1번
가능초등학교
이름

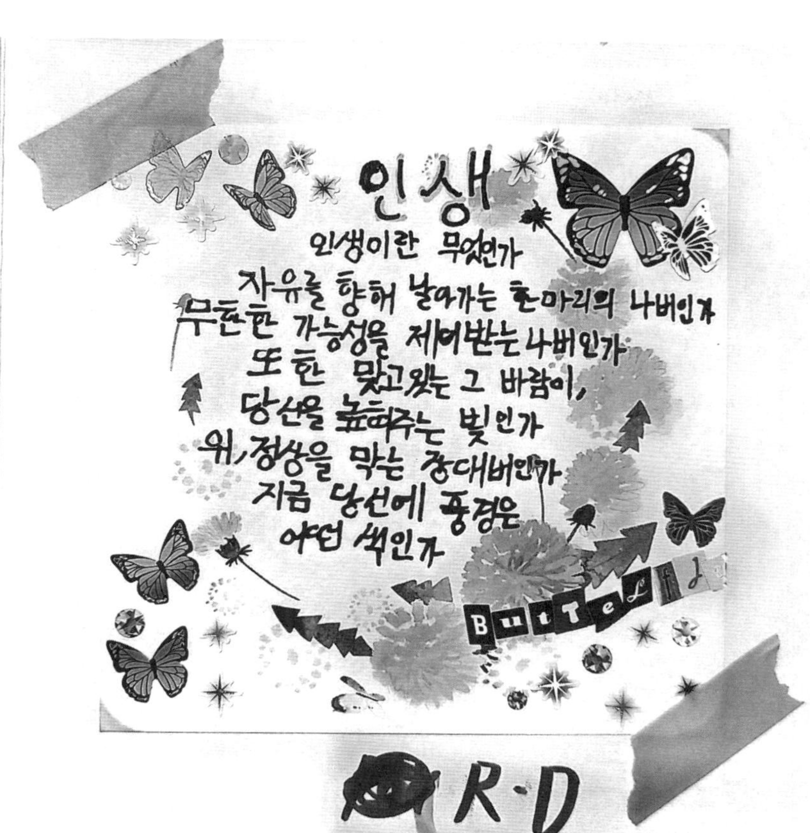
인생
인생이란 무엇인가
자유를 향해 날아가는 한마리의 나비인가
무한한 가능성을 제어받는 나비인가
또한 맞고있는 그 바람이,
당신을 높혀주는 빛인가
위, 정상을 막는 장대비인가
지금 당신에 풍경은
어떤 색인가
R·D

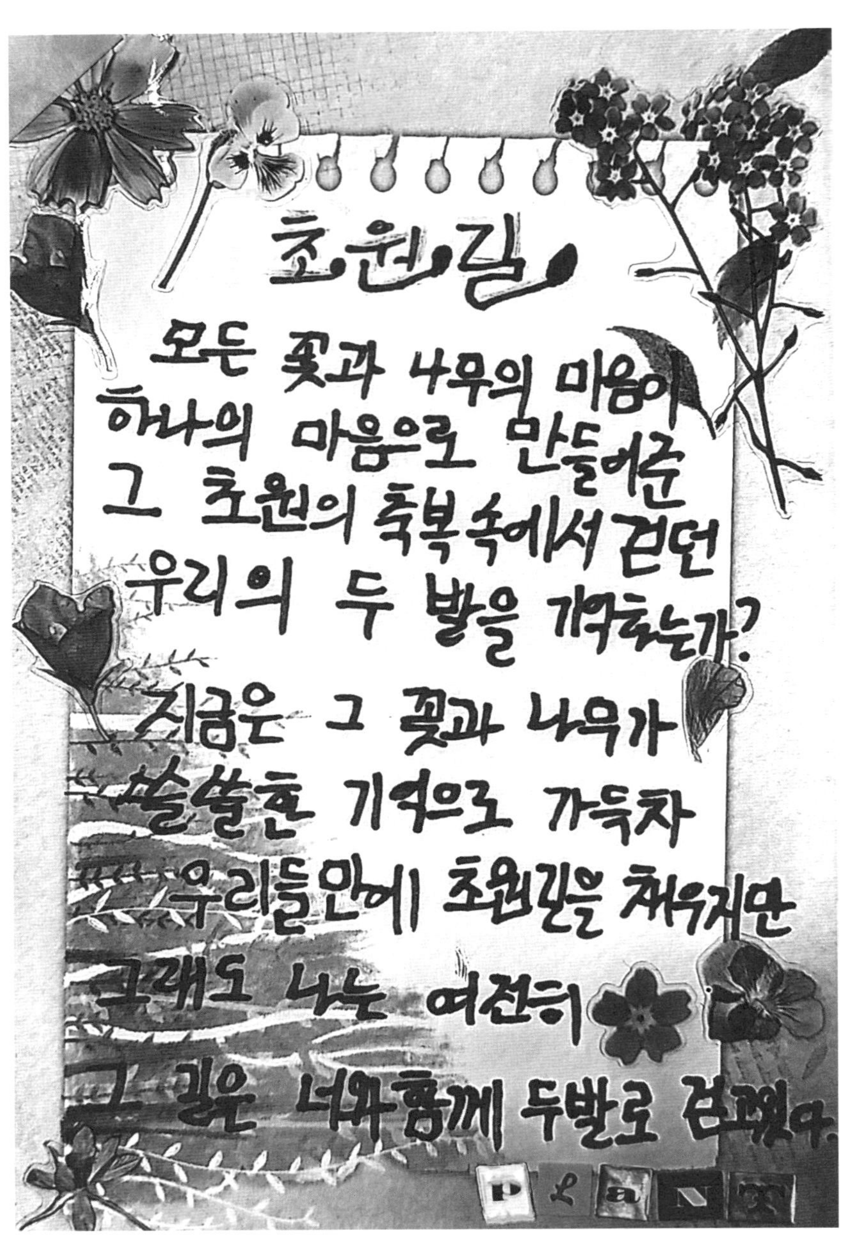
초원길
모든 꽃과 나무의 마음이
하나의 마음으로 만들어준
그 초원의 축복속에서 걷던
우리의 두 발을 기억하는가?
지금은 그 꽃과 나무가
쓸쓸한 기억으로 가득차
우리들만의 초원길을 채우지만
그래도 나는 여전히
그 길을 너와 함께 두발로 걷고있다.
P L a N

기억
당신에 소망을 들은 그날
그 광활한 희망이 별이되는 그풍경을
나는 아직 기억하고 있다.
그런데 어째서 인걸까?
당신의 기억이 별이되었는데도
그 광활한 우주를 비추고있다.
Ria·Dale

잠

원민재
<고1>

새삼 돌아보고 또 돌아봐도
너는 참 욕심쟁이다.

좀 무시하려하면 온몸 힘 꽉 깨앗는 너는
진짜 이기적이다.

어릴적 이치를 몰라 무심히 넘긴 너
이제는 네가 참 무섭다.

가 을

원 민 재
<고1>

한 소쿠리 여름을 세월없이 뿌렸더니
세상은 온통 가을이 되었습니다.

녹음빛 열정은 갈빛요새에 주춤되고
흩날리는 낙엽위에 숨 쉽니다.

빛과 바람과 오색찬란함은 또 다시
한 발자욱 한 발자욱 다가옵니다.

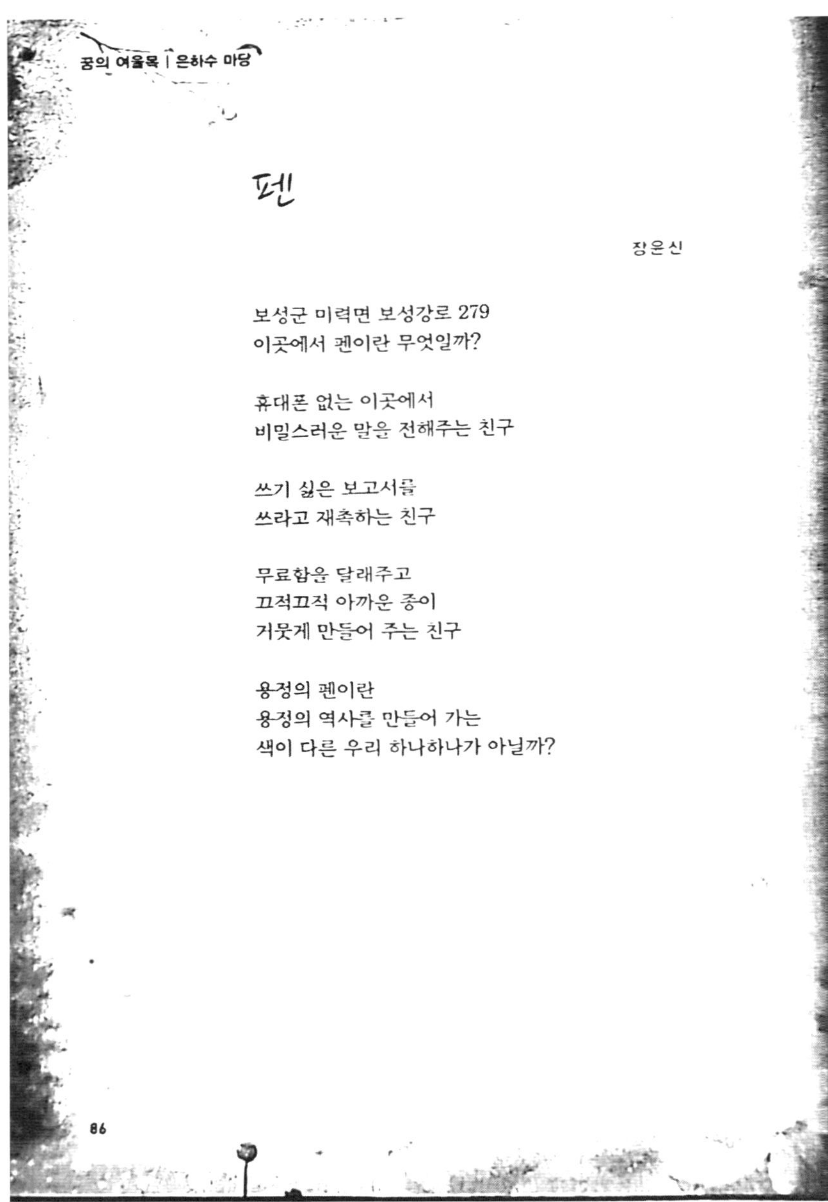
꿈의 여울목 | 은하수 마당

펜

장은신

보성군 미력면 보성강로 279
이곳에서 펜이란 무엇일까?

휴대폰 없는 이곳에서
비밀스러운 말을 전해주는 친구

쓰기 싫은 보고서를
쓰라고 재촉하는 친구

무료함을 달래주고
끄적끄적 아까운 종이
거뭇게 만들어 주는 친구

용정의 펜이란
용정의 역사를 만들어 가는
색이 다른 우리 하나하나가 아닐까?

86

웃음 방울

최두리

동글 뾰족 반짝이는 눈 안에
아롱다롱 꿈 방울 상상방울
잔소리 바늘로 뽁! 뽁!
터뜨리다가도
웃음방울 잘못 건드려
팡! 팡! 터지면
까르르 까르르
멈출 줄 모르는 웃음 파도에
온 가족 웃음바다에 떠밀려 온 저녁

제목: 학교 가는 길

글 그림: 홍하람

터벅 터벅

옆집을

지나고

산소를 좋게

만들어주는

나무를

지나고

차도를

지나서

학교 도착!

그리움
보고싶은
마음은 하나도
변하지 않고
지금도 내눈속에
그 사람이
보인다
2015. 8 24.

그리움
보고싶은
마음은 하나도
변하지 않고
지금도 내눈속에
그 사람이
보인다
2013. 8 24.

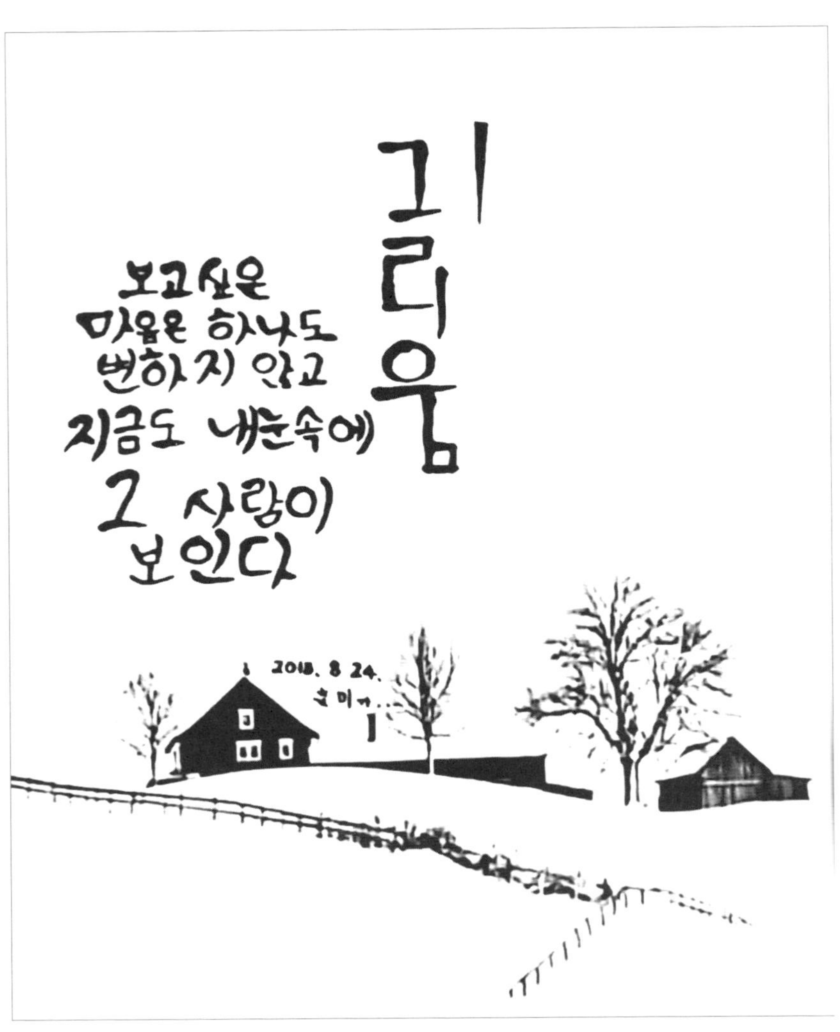

그리움
보고싶은
마음은 하나도
변하지 않고
지금도 내눈속에
그 사람이
보인다
2018. 8 24.

등산

김대영

한걸음, 두걸음
아무리 걸어도 정상은 보이지 않네

세걸음, 네걸음
아무리 걸어도 비로봉은 보이지 않네.

올라가는 어른이

"조금만 더 가면 돼"
결심하고
다섯, 여섯, 일곱, 여덟……

포기하는걸 꾹 참고 올라가다 보니
드디어 정상이네!

"수고했다 나자신"
또 내려갈 생각에,
몸이 탈진하네.

동암초등학교 4학년 6반

등산

- 김대영 -

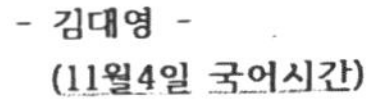
(11월4일 국어시간)

한걸음, 두걸음
아무리 걸어도 정상은 보이지 않네.
세걸음, 네걸음
아무리 걸어도 비로봉은 보이지 않네.
올라가는 어른이
"조금만 더가면 돼"
결심하고
다섯, 여섯, 일곱, 여덟...
포기하는 걸 꾹 참고 올라가다 보니
드디어 정상이네!
'수고했다 나자신'
또 내려갈 생각에, 몸이 탈진하네.

봄

김대영

춥디추운 겨울이 지나고 봄이 왔다.
꽃은 활짝 피어나고, 새는 짹짹 노래부른다.
들판은 꽃판으로 변하고, 나무는 벚꽃 나무로.
마치 겨울동안 이렇게 변신할려고
기다린 것처럼 꽃이 활짝 핀다.
꽃이 피어난 들판을 보니 내 마음에도
꽃이 피어서 내 마음이 구름처럼 두둥실
떠오른다.
봄은 참 예쁜
계절이다.

동암초등학교 2022.3.24

가을

김대영

빨간 종이를 가을이 보낸다.
마치 이름이라도 쓰라는 것처럼.

노란 종이를 가을이 보낸다.
마치 크리스마스 트리에 걸라는 것처럼.

사람들 발에 밟혀도,
눈이와서 잎을 덮어도,
가을의 매력은
덮이지 않는다.

동암초등학교 4학년 6반

겨울

김대영

겨울이 눈 쏟아낸다.
자신이 왔다는 걸 알리려고.

땅에 하얀 가루 쌓이고
겨울은 계속 눈 내린다.

어른들 아름다운 경치 보고
아이들 눈 던지며 놀고

겨울은 멋지다.
전에도, 그리고 나중에도
꼭 그럴것이다.

we are good friends!

2020/3/24 목

봄 동암초등학교 4학년
6반 김대영

춥디추운 겨울이 지나고 봄이 왔다
꽃은 활짝 피어나고, 새는 짹짹 노래부른다
들판은 꽃만으로 변하고, 나무는 벚꽃 나무로
마치 겨울동안 이렇게 변신할려고
기다린 것처럼 꽃이 활짝
꽃이 피어난 들판을 보니 내 마음에도
꽃이 피어서 내마음이 구름 처럼 두둥실
떠오른다. 봄은 참 예쁜 계절이다.

동암초등학교 4학년 6반

대기 오염

곽 성 민

아침에 하늘을 보니 황사

점심에 하늘을 보니 미세먼지

저녁에 하늘을 보니 산성비에 스모그

이 새까만 오염처럼

내 마음도 오염된다.

대기오염

아침에 하늘을 보니 황사

점심에 하늘을 보니 미세먼지

저녁에 하늘을 보니 산성비에 스모그

이 새까-만 오염처럼

내 마음도 오염된다.

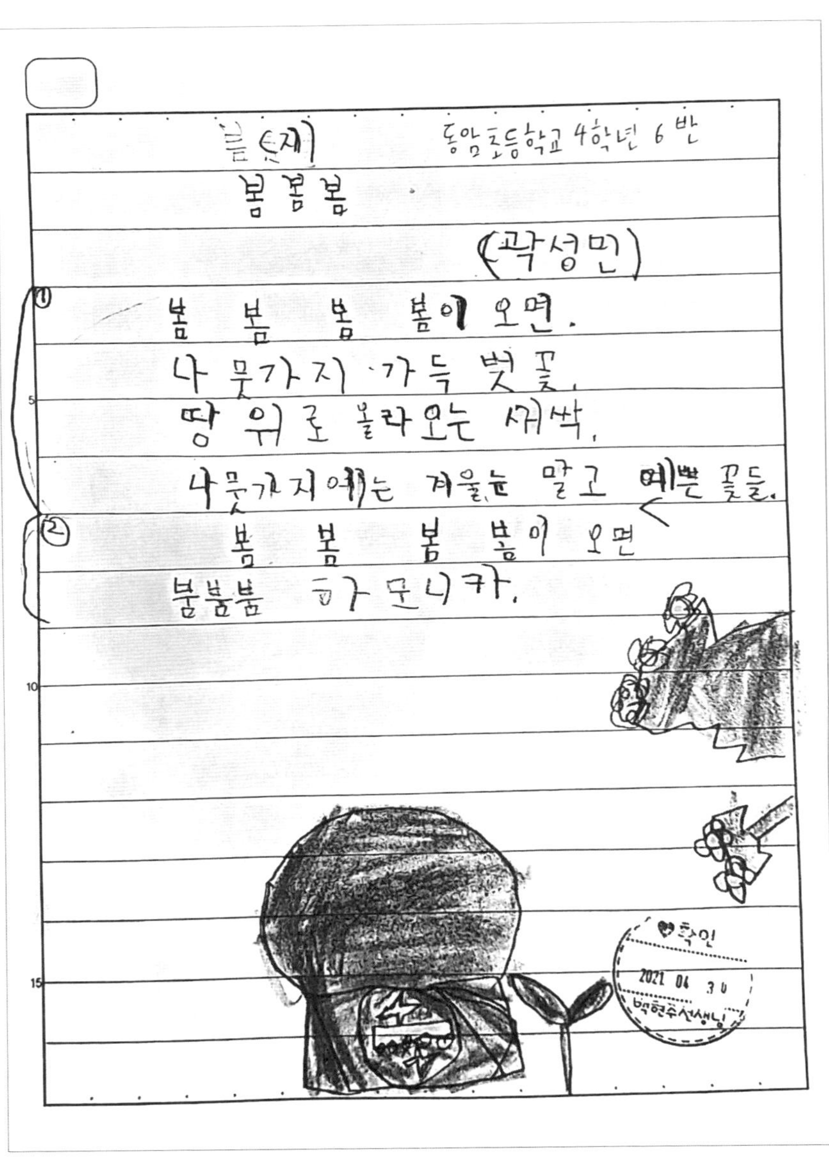

글(제) 동암초등학교 4학년 6반

봄봄봄

(곽성민)

① 봄 봄 봄 봄이 오면.
나뭇가지 가득 벚꽃.
땅 위로 올라오는 새싹.
나뭇가지에는 겨울눈 말고 예쁜 꽃들.

② 봄 봄 봄 봄이 오면
붐붐붐 하모니카.

별이 빛나는 밤에
별이 빛나는 밤에
이 세상도 빛나네.
별이 빛나는 밤에
프랑스의 빛.
별이 빛나는 밤은
매년 1월 9일
동암초등학교
4학년
6반
곽성민

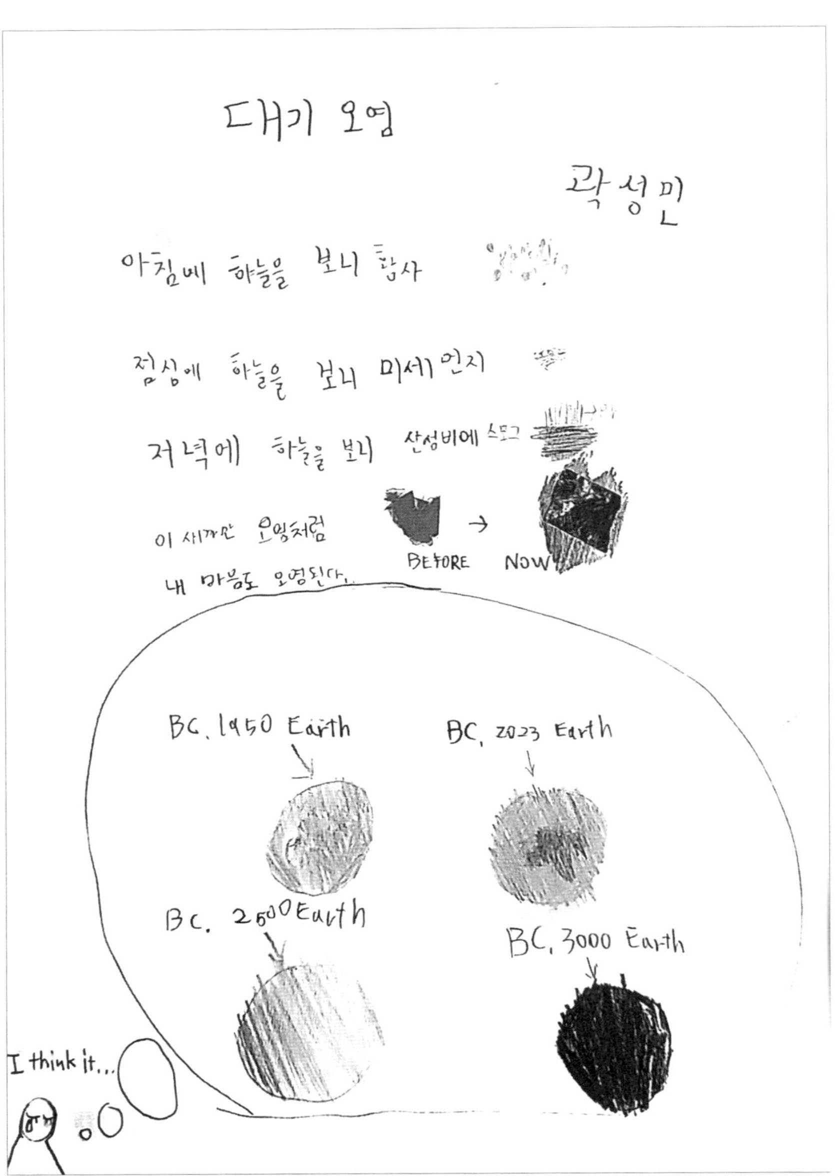
대기 오염
곽성민
아침에 하늘을 보니 황사
점심에 하늘을 보니 미세먼지
저녁에 하늘을 보니 산성비에 스모그
이 새까만 오염처럼
내 마음도 오염된다.
BEFORE
NOW
BC. 1950 Earth
BC. 2023 Earth
BC. 2500 Earth
BC. 3000 Earth
I think it...

스마트폰

시인: 민준혁

스마트폰이 없던 시절이 있었다고 한다.

스마트폰이 없는데 여행은 어떻게 길을 찾아 목적지에 도착할수 있었을까?

문자가 없는데 친구랑 약속장소에 엇갈리지 않고 만났을까?

우리는 기억한다. 스마트폰 네비가 없던 시절 지도책자를 보며 모르던 길에서 발견한 드넓은 대한민국에 모습을

우리는 기억한다. 스마트폰이 없던 시절 하염없이 바라보던 버스에 풍경

우리는 기억한다.. 스마트폰이 없던 시절 약속한 친구를 기다리던 무한한 마음을..

동암초등학교 4-4반 민준혁

□

모기

내가 잘때 마다.

랄라라 ♪ 노래를 부르는 모기

죽이고 싶어서 불키면 없다.

짜증난다! 모기 잡았다!

고문해야지

의정부 신곡초 6학년 4반

정지윤.

순금 24K 황금똥을
싸다

내가 오늘 아침에 순금 24K 황금똥을 쌌다. 나는 내 똥만 있으면 부자다

나는 엄마와 당장 소고기를 먹으러 갔다 (꿈이였다)

의정부 신곡초 6학년 4반
정지율

사계절

김지한

봄바람을 맞으며 분홍빛 벚꽃이 살랑살랑

여름햇살을 맞으며 아이들이 첨벙첨벙 물놀이를

가을 단풍잎을 맞으며 강아지가 꼬리를 흔들흔들

겨울 눈을 맞으며 하얀 눈사람이 방긋방긋

제목: 노란 장미
날마다
하는 너의 예쁜 꿈
김성미
김성미

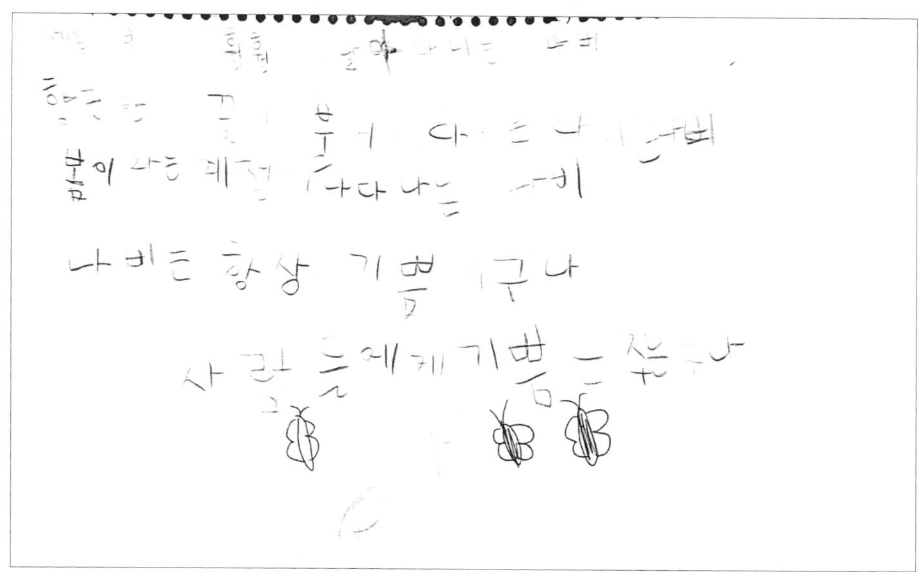
나비는 항상 기쁘구나

시작
종료
11번 틀어봐

LOVE
5-5
장윤신

수배중
000

장운상
세상은 둥글게 살아야해!
이름: 나잘난
나이: 48세
직업: 선생님
별명: 둥글이 선생님
우린 언제나 듣지 잘난 어른의 멋진 이 말
"세상은 둥글게 살아야해"

학교폭력 NO! NO!
즐거운 학교 WE MAKE IT!
서울 장전초등학교

초4

별사탕

글 이도윤

별사탕을 십었다
오도독

별사탕을 먹었다
달콤달콤

별사탕을 만졌다
까칠까칠

여러 가지에 색상
별사탕

별사탕은 언제나 먹어도 맛있다.

시인의 활동 사진

•

제게 언제나
용기와 힘이 되어준
다정한 벗님들과의
행복한 순간을
담았습니다.

제게 언제나 용기와 힘이 되어준 다정한 벗님들과의
행복한 순간을 담았습니다.

한국사회발전에 기여한 기업 · 인물 찾기 프로젝트!
2023년 대한민국의 희망!
2023 제8회 한국을 빛낸 사회발전대상 시상식
당신이 대한민국의 미래입니다.
2023Korea
Awards
한국을 빛낸
축 제8회 한국을빛낸사회발전대상 시상식

의정부시의회

제2021-138호

표 창 장

의정부시건강가정·다문화가족지원센터
정 춘 미

귀하는 어려운 여건 속에서도 근면 성실하며 맡은바 책임을 충실히 이행하여, 다른 이의 귀감이 되었을 뿐만 아니라, 다문화 가족의 복지증진과 인식개선에 기여한 공이 크므로 이에 표창합니다.

2021년 12월 10일

의정부시의회의장 오 범 구

제 2021-455 호

표 창 장

(사)한국다선문인협회
시인 정 춘 미

귀하는 평소 투철한 봉사정신과 적극적인 사회활동으로 지역사회 발전에 기여한 공이 크므로 이에 표창합니다.

2021년 4월 18일

서울특별시의회
의장 김 인호

제 2020-018호

표 창 장

10년 근속상

7기 아이돌보미

성 명 : 정춘미

귀하는 의정부시 아이돌보미로 입사하여 지난 10년간 투철한 사명감과 책임감으로 성실히 근무하였으며 아이돌봄서비스 발전에 기여한 공이 크므로 감사한 마음을 담아 표창합니다.

2020년 12월 10일

센터장 윤 양 신

의정부시건강가정·다문화가족지원센터

"2021코로나19 극복 꽃 시화 초대전개
· 장소 : 일산동구청 2층 다목적실 · 일시 : 2021. 4. 18. 일요일
· 전시기간 : 2021. 4. 18 ~ 5. 8. (3주간) 가온 갤러리 1.2.3관
· 주최 : (사)한국다선문인협회, 신문고

제5호 다선문학 발행 및 창립5주년 기념식
다선문학상, 신문고
이진호문학상 수상식
등단식

제5호 다선문학 발행 및 창립5주년 기
천둥이진호문학상 수상식
다선문학상
다목적실
오후 2시
(사)한국다선문학작가회, 인터넷뉴스 신문

5호 다선문학 발행 및 창립5주년 기념식
시인 개인시집 둥우리 출판기념
KDWA
한국다선문인협

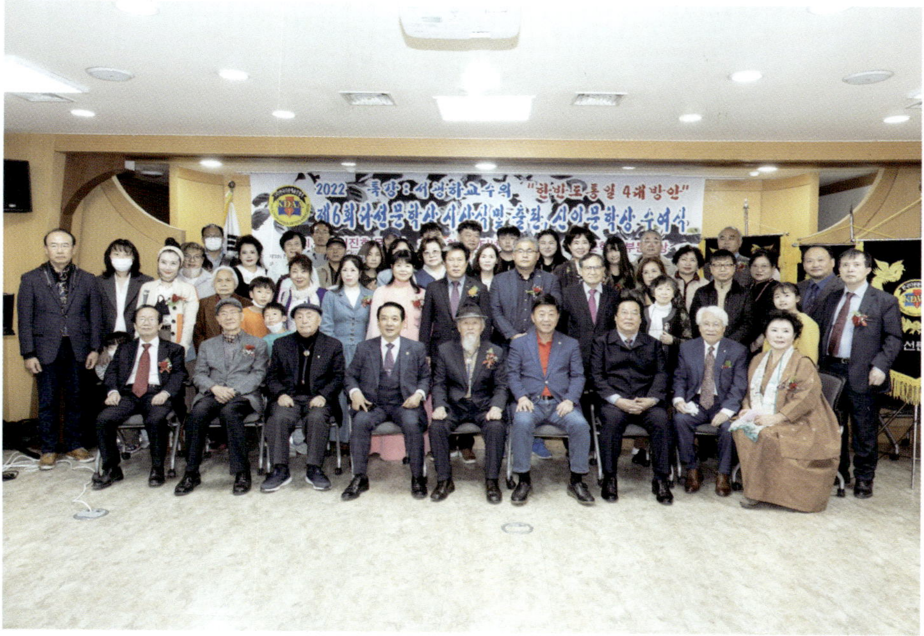

2023년 대한민국의 희망!
2023 제8회 한국을 빛낸
당신이 대한민국의 미래입니다.
한국을 빛낸
사회발전
大賞

한국을 빛낸
사회발전
大賞
2시 30분
프레스클럽
회발전대상시상식 조직위원회,
문, 월간 선데이뉴스
디어기자협회, 선데이타임즈,
매일, 경인매일TV, 뉴스타그램
한국인터넷미디어기자협회, 산경일보
데이K, 시사연합신문, 손바닥경제
NY한중뉴미디어연합회, 동포투데
더뉴스밸류TV, 대한장애인
어복지신문, 한국문화경제신문,
미디어컴퍼니, 스포츠선데이, 보건의료
로태권도협회, 세계자연특별시연합,
라이온스354-D지구 하이서울클럽
협회.

제33회 전국 별망성 백일장 시상식

일시 : 2019년 11월 2일(토) 오후3시 장소 : 안산시청 민원동 2층 대회의실

안산지부 후원 : 경기도 · 안산시 · 안산시의회 · 경기도안산교육지원청 · (사)한국문인협회 · (사)안산예총 ·

(사)한국다선문인협회

(사)한국다선문학작가회

도서출판 다선, 신

한국인터넷 미디어

· 일시 : 일시 10. 21. 토요일 오후 3시

· 장소 : 덕양구청 2층 대회의실

(사)한국다선예술인협회 회장 김 승 호

회의원상 : 김미성,여운만,
기도의장상 : 김동철,김평배,
울시의장상 : 김창회,이정자,장영순
양시의장상 : 박영애,정순미,최선규
강예총회장상 : 김옥자, 서영복, 윤자, 이영만,
강정철 축제위원회장상 : 고운비,김명자,심용명,
종규,임병진,이호남,조기홍
)한국다선예술인협회장상 : 이호남
학작가회 / 신문고뉴스

공부 정춘미 시인 첫 시집
의정부에도 보름달이 떴습니다

발행일 2023년 12월 12일
발행인 정춘미

발행 도서출판 다선
인쇄기획 도서출판 예술
등록번호 제2002-000080호(2002.3.21)
주소 서울시 마포구 양화로6길 9-24 동우빌딩 4층
연락처 010-2493-2232
E-mail gksh0691@hanmail.net

ISBN 978-89-5916-037-2 03810